Stimmen zum Buch

»Ein buchstäblich ›wunder-volles‹ Buch, das in Gottes Wunderwelt entführt! Denn wer es wagt, mit offenen Augen und offenem Herzen durch diese Welt zu gehen, wird immer wieder kleine große Wunder erleben.«

Judy Bailey
Sängerin und Komponistin

»Steffen Kern gelingt es mit diesem Buch, uns nahe zu Jesus zu bringen. Dabei beschreitet er einen einzigartigen Weg. Er führt uns hinein in die sieben geheimnisvollen Begebenheiten, von denen Johannes berichtet. Sieben Wunder sind es, die die Menschen damals bewegten. Und sie bewegen uns bis heute. Danke, Steffen Kern, für einen ganz frischen, lebendigen, persönlichen Zugang zu Jesus! Und danke, dass hier die schwierigen Fragen nach Glaube und Wunder, nach Wahrheit und Bedeutung nicht ausgeblendet sind, sondern überraschende und überzeugende Antworten finden!«

Dr. Dr. Roland Werner
Sprachwissenschaftler und Theologe, Referent und Autor

»Pfarrer Steffen Kern ist ein mitreißender Prediger, ein kluger Theologe, Journalist und weise Führungskraft des württembergischen Pietismus. Aber vor allen Dingen ist er ein Bibelerzähler. Er katapultiert die alten Jesus-Geschichten in unsere moderne Zeit, so als würden sie heute geschehen. Das Buch will nicht nur erzählen und unterhalten. Das allein wäre auch lesenswert, aber Kern ist Evangelist: er schreibt und predigt sich mit einem souveränen Vertrauen in die Wirkungskraft der Jesus-Geschichten in unsere Herzen und zieht uns taktvoll werbend in die Verantwortung vor Gott. Nur Lesegenuss wäre zu wenig. Steffen Kern schreibt sich zum Kern aller Dinge vor, weil er weiß, dass viele Wundergeschichten entkernt wurden, ihrer Jesus-Mitte beraubt, und darum kraftlos zwischen den schwarzen Buchdeckeln ruhen. Vorsicht: Die Lektüre dieses Buches ist kein Schlafmittel, sondern ein Wecker der erfrischenden Sorte. Kernig-fruchtiges Geschichtenmüsli, gehaltvolle Wegzehrung.«

Jürgen Mette
Theologe, Referent und Buchautor

»Wunder geschehen nicht auf Knopfdruck. Aber Hoffen ist erlaubt.«

Samuel Koch
Schauspieler und Autor

»Da kann ich mich wirklich nur wundern. Steffen Kern schreibt über die Wunder Jesu im Johannesevangelium, und diese wunder-vollen Geschichten beginnen zu leben. Jede Seite nimmt mich hinein mitten ins Leben, mein Leben, meine Welt. Da ist richtig gute Theologie drin, aber nicht aufdringlich, nicht langweilig, sondern wie eine gute Wirbelsäule, die man nicht sieht, aber unbedingt braucht. Und was die ungekünstelten, lebensnahen Sätze nicht aufschließen, das tun die abschließenden Poesien in jedem Kapitel, die leeren Seiten, die Fragen für mich und mein Leben. Und am Ende staune ich über die 25 Wunder des Lebens, die der lebendige Gott uns allen schenkt. Ich muss mich wirklich wundern, dass so ein Buch nicht schon früher geschrieben wurde. Aber jetzt ist es da, und SIE sollten es lesen.«

Dr. Michael Diener
Präses des Evangelischen Gnadauer Gemeinschaftsverbandes

STEFFEN KERN

MEIN GOTT, JESUS!

Seine Wunder bewegen die Welt

SCM

Stiftung Christliche Medien

Der SCM Verlag ist eine Gesellschaft der Stiftung Christliche Medien, einer gemeinnützigen Stiftung, die sich für die Förderung und Verbreitung christlicher Bücher, Zeitschriften, Filme und Musik einsetzt.

MIX
Papier aus verantwor-
tungsvollen Quellen
FSC
www.fsc.org   FSC® C083411

© der deutschen Ausgabe 2015
SCM-Verlag GmbH & Co. KG · Max-Eyth-Straße 41 · 71088 Holzgerlingen
Internet: www.scmedien.de · E-Mail: info@scm-verlag.de

Sofern nicht vom Autor selbst übersetzt, sind die Bibelverse
folgender Ausgabe entnommen:
Lutherbibel, revidierter Text 1984, durchgesehene Ausgabe in neuer Recht-
schreibung 2006, © 1999 Deutsche Bibelgesellschaft, Stuttgart
Weiter wurde verwendet:
Neues Leben. Die Bibel, © der deutschen Ausgabe 2002 und 2006
SCM-Verlag GmbH & Co. KG, Witten.

Umschlaggestaltung: Kathrin Spiegelberg, Weil im Schönbuch
Titelbild: shutterstock.com
Satz: typoscript GmbH, Walddorfhäslach
Druck und Bindung: CPI books GmbH, Leck
Gedruckt in Deutschland
ISBN 978-3-7751-5664-6
Bestell-Nr. 395.664

Für Hanna und Daniel

INHALT

PROLOG

Eine persönliche Wundergeschichte

Es war eines der größten Wunder, die ich jemals erlebt habe. Es geschah an einem Tag, an dem höchstes Glück und grenzenlose Panik einander begegneten. Es war der Tag, als unsere Kinder geboren wurden.

Hanna und Daniel sind Zwillinge. Als sie auf die Welt kamen, machten sie aus uns als Ehepaar eine Familie. Aus zwei wurden vier. Wie haben wir uns auf diesen Tag gefreut! Neun Monate gespannte Erwartung. Zeit, sich einzustellen auf die größte Veränderung aller Zeiten – zumindest aller Zeiten unseres gemeinsamen Lebens. Es waren gefüllte Wochen und Monate. Werdende Eltern kennen das: Ultraschallbilder, Arztbesuche, die ersten Strampelanzüge, eine Wiege – für Zwillinge gar nicht so leicht zu finden –, die erste Windelausstattung, die Badewanne, Babybetten, Babybücher, Babybilder, Baby überall … und die ersten Stofftiere für die beiden. Alles war bereit, als der große Tag kam. Dann die Fahrt zum Krankenhaus. Das Warten. Der Kreißsaal. Die Wehen. Die Geburt. So vieles wäre hier zu schreiben – es lässt sich nicht in Worte fassen. Wahrscheinlich werden Sie mir zustimmen, wenn Sie Mutter oder Vater sind und eine Geburt schon einmal miterlebt haben. Jeder von uns hat da seine ganz eigene Geschichte. Über jedes einzelne Kind dieser Erde gibt es eine solche Wundergeschichte zu erzählen. Wir begegnen dem Wunderbaren schlechthin, dem Wunder des Lebens. Wir werden Zeuge, wie Gott Geschichte schreibt, Wundergeschichten, unsere Lebensgeschichten. – So wunderbar haben wir das als Eltern auch erlebt. Wenn es Tage in unserem Leben gab, über die wir das ungeteilt sagen konnten, dann gehörte dieser gewiss dazu: Es war ein Tag voller Glück – bis der Schrecken kam.

Unsere Kinder waren erst wenige Minuten alt. Die ersten Untersuchungen wurden durchgeführt. Nach vielleicht einer halben Stunde wurde zum zweiten Mal der Blutzuckerspiegel gemessen. Bei Hanna war alles in Ordnung, obwohl sie die kleinere und leichtere war. Bei Daniel war der Wert abgesackt auf 9 mg/dl. »Das kann nicht sein«, meinte die Krankenschwester. Bereits bei unter 40 bis 50 mg/dl spricht man von Unterzucker. 9 ist jenseits aller Normen. »Das Gerät muss kaputt sein«, sagte sie achselzuckend und verschwand im Nebenzimmer. Kurz darauf kam sie mit einem anderen Messgerät zurück. Das Ergebnis der zweiten Messung schockierte sie total: 4 mg/dl. Ein solcher Wert ging gegen null und war in höchstem Maße lebensbedrohlich. Die Krankenschwester wurde bleich und löste sofort Alarm aus. Eine Ärztin sprang herbei. Hastig zog sie eine Spritze auf. Eine zweite Schwester wirbelte nach meinem Eindruck völlig ziellos im Hintergrund hin und her. Die erste Krankenschwester versuchte, meinem Sohn Glukose in den Mund zu träufeln. Das würde aber nicht ausreichen. Der Zucker musste direkt ins Blut. So schnell wie möglich. Es ging um Sekunden. Die Ärztin setzte eine Spritze an, sie versuchte, in die winzige Hand des neugeborenen Jungen zu spritzen – aber sie verfehlte die Vene. Sofort zog sie eine zweite Spritze auf. Diesmal setzte sie am Kopf an. Irgendwo zwischen Stirn und Schläfe musste ein Blutgefäß sein, das sie mit der Nadelspitze zu treffen suchte, aber nicht fand. Ich sah, wie die Nadelspitze zitterte. Der Ärztin standen Tränen in den Augen. Ihr Gesicht war glühend rot. Sie kämpfte gegen ihre eigene Panik an, biss sich auf die Lippen und stach die Nadel in die zarte Haut des Buben. Sie drückte die Spritze hinein, und ich sah, wie sich eine Beule an der Stirn des Jungen wölbte. Sie hatte die Ader wieder nicht getroffen.

Mitten in diesen panischen Versuchen, das Leben des Säuglings zu retten, der noch keine Stunde alt war, stand ich völlig hilflos da. Ich stand neben all dem, was geschah, auch neben mir selbst. Eigentlich sollte das nicht so sein. Angehörige sollten in so einer Situation nicht dabei sein. Im besten Fall stehen sie hilflos im Weg herum, im schlimmsten können sie durch ihre unberechenbaren Reaktionen die Hilfsmaßnahmen behindern. Aber man hatte vergessen, mich hinauszuschicken. Ich stand einfach nur da und konnte nicht fassen, was ich da miterlebte. Seit ein paar Minuten war ich Vater. Wollte uns Gott den kleinen Jungen, den er uns eben geschenkt hatte, gleich wieder nehmen? War das Glück des Lebens nur eine Seifenblase? Das durfte nicht wahr sein! Meine Frau wurde ein paar Stockwerke tiefer noch ärztlich versorgt, Hanna lag friedlich auf der gleichen Station nebenan. Ich fühlte mich hin- und hergerissen zwischen den Menschen, die ich liebte. Wie betäubt stand ich da, sah und hörte alles wie in Zeitlupe. – Wie lange dieses Ringen um das Leben unseres Jungen ging, kann ich im Nachhinein nicht mehr sagen. Es waren bestimmt nur wenige Minuten. Aber sie kommen mir im Rückblick wie Ewigkeiten vor. Ich stand einfach nur da. Ich konnte nichts denken, sagen oder fühlen. Ich spürte nur, wie zerbrechlich unser Leben war, wie unser gerade geschenktes Glück von Rissen durchzogen wurde und zu zerbersten drohte. Niemals zuvor hatte ich mich so ohnmächtig gefühlt wie in diesen Momenten. Ich betete, wenn man die Schreie meiner Seele Beten nennen konnte. Worte zu fassen, Sätze zu formulieren – dazu war ich nicht in der Lage. Es war das pure Entsetzen, das seine eigene Sprache fand, ohne dass ein Laut über meine Lippen gekommen wäre:»Mein Gott, hilf!«,»Herr Jesus!«,»Jetzt!«.

Die dritte Spritze saß. Glukose strömte in die Blutbahn des kleinen Kerls, der wieder zu leben begann. Was für eine Erleichterung! Was für ein Geschenk! Was für ein Wunder! – Wenn wir unsere Kinder heute sehen, dann können wir Gott nur danken für diese beiden Wundergeschichten, die er seither mit ihnen schreibt. Aber das ist nur eine Wundergeschichte unter so vielen anderen, die auf diesem Planeten schon erlebt wurden. Wunder gibt es. Wir erleben sie – manchmal. Manchmal auch nicht. Oft bleiben sie aus, allzu oft. Dann sehnen wir uns danach, hoffen darauf, aber letztlich vergeblich. Kein Wunder, keine Wende der Not, es bleibt nur das Wandern im dunklen Tal.

Dieses Buch erzählt von Wundern. Es sind die faszinierendsten Wunder, die diese Welt je gesehen hat und die uns zugleich den Himmel öffnen. Sie zählen zu den bedeutendsten Geschichten der Menschheitsgeschichte. Sie lassen sich nicht einfach erklären und schon gar nicht wegerklären. Wir begegnen ihnen am besten, wenn wir sie einfach lesen. Sehen und hören, was geschieht. Und wenn wir neu staunen. Das Staunen verlernen wir so leicht und verlieren so die Wunder aus den Augen. Wenn wir aber wieder vom Zweifeln zum Staunen finden, öffnen sich uns neue Welten. Und wir entdecken neu, worauf es wirklich ankommt.

Also, lassen Sie sich einladen und mit hineinnehmen in faszinierende Geschichten. Sie erzählen von den Wundern, die bis heute die Welt bewegen.

SUPERSTAR WÄRE VIEL ZU WENIG

Eine Spurensuche
nach dem bedeutendsten
Menschen aller Zeiten

Wer ist Jesus? – Das ist die bedeutendste Frage, die das Neue Testament aufwirft und beantwortet. Aber es ist nicht nur eine Frage der Bibel oder der Kirche – es ist eine Frage unseres Lebens. Was ist das Besondere an diesem Jesus von Nazareth? Ist er nur eine herausragende Person der Weltgeschichte, oder hat er darüber hinaus eine Bedeutung für unser Leben heute? Wer sich auf diese Spurensuche begibt, wird immer wieder neu fragen: Was ist das für ein Mensch?

Seine Worte gehen zu Herzen

Eindrücklich ist zunächst, was Jesus gesagt hat. Seine als Bergpredigt bekannt gewordenen Sätze zählen zu den bedeutendsten Reden aller Zeiten. Dazu gehören auch die sogenannten Seligpreisungen. Sie finden Sie in Ihrer Bibel in Matthäus 5,1-12:

> Als er aber das Volk sah, ging er auf einen Berg und setzte sich; und seine Jünger traten zu ihm. Und er tat seinen Mund auf, lehrte sie und sprach: Selig sind, die da geistlich arm sind; denn ihrer ist das Himmelreich. Selig sind, die da Leid tragen; denn sie sollen getröstet werden. Selig sind die Sanftmütigen; denn sie werden das Erdreich besitzen. Selig sind, die da hungert und dürstet nach der Gerechtigkeit; denn sie sollen satt werden. Selig sind die Barmherzigen; denn sie werden Barmherzigkeit erlangen. Selig sind, die reinen Herzens sind; denn sie werden Gott schauen. Selig sind die Friedfertigen; denn sie werden Gottes Kinder heißen. Selig sind, die um der Gerechtigkeit willen verfolgt werden; denn ihrer ist das Himmelreich. Selig seid ihr, wenn euch die Menschen um meinetwillen schmähen und verfolgen und reden allerlei Übles gegen euch, wenn sie

damit lügen. Seid fröhlich und getrost; es wird euch im Himmel reichlich belohnt werden. Denn ebenso haben sie verfolgt die Propheten, die vor euch gewesen sind.

Jesus stellt alles auf den Kopf: Nicht die Reichen und Starken, nicht die Großen und Mächtigen sind glücklich zu nennen, sondern die Armen und Schwachen, die Kleinen und Leidenden. Diejenigen, die Unrecht erleiden, werden Gerechtigkeit erfahren. Nicht die Gnadenlosen werden die Oberhand behalten, sondern die Barmherzigen.

Das sind Worte gegen unsere Erfahrung. Wir erleben es allzu oft anders in dieser Welt. Das gilt für die große Politik und für die großen Geschäfte: Die Supermächte und die Wirtschaftsmächte setzen sich durch und geben den Ton an. Die Starken machen die Musik. Die armen Länder, die Bauern in Afrika und Südamerika werden an den Rand gedrängt – und weiter hinaus: Sie werden hinausgedrängt aus der Geschäftswelt und aus dem Kreis derer, die an Fortschritt und Wohlstand teilhaben. Aber auch in unserem kleinen Leben erfahren wir das: Es sind immer die Gleichen, die groß rauskommen und gut dastehen, und es sind auch immer die Gleichen, die untergehen. – Jesus setzt sein Wort dagegen und sagt: »Nein, es ist anders. Die Weltgeschichte und auch eure Lebensgeschichte soll anders ausgehen.«

Dafür steht er mit seiner Person. Diese Worte sind nicht nur eine Utopie, die uns ermutigen soll, unsere Ideale beherzt zu verwirklichen. Dafür wären sie viel zu vollmundig. Jesus setzt ein Versprechen gegen unsere Erfahrung: »… das Himmelreich gehört ihnen.« Er verspricht Großartiges für die, die kleingemacht und kleingehalten werden. Dafür steht er mit seinem Namen. Er selbst tritt auf als der, der nicht nur die großen Sehnsüchte der Menschen erfüllen wird, sondern auch sein eigenes Versprechen. – Genau darum lässt er seinen Worten auch Taten folgen.

Seine Wunder bewegen die Welt

Jesus erregt nicht nur Aufsehen durch seine Worte, sondern auch durch seine wundersamen Taten. Er macht Kranke gesund. Lahme lässt er gehen, Blinde können sehen, sogar Tote erweckt er zum Leben. Manche Leser zweifeln, ob das jemals so stattgefunden hat. Diese Zweifel sind so alt wie die Geschichten selbst: Könnten das nicht alles auch Legenden sein? – Natürlich könnte das so sein, aber es ist äußerst unwahrscheinlich, dass die verschiedenen Autoren der Schriften, die im Neuen Testament der Bibel zusammengefasst sind, einfach nur gelogen und Geschichten erfunden hätten, die so nie geschehen wären. Dafür sind die Schriften zu alt, zu nahe an der Zeit des Geschehens entstanden und zu zahlreich. Zu viele Augenzeugen lebten noch, als die Geschichten verbreitet wurden. Aber auch unabhängig davon, wie man die Schilderungen zunächst historisch bewertet, fordern sie uns heraus und sprechen uns an.

Allein der Evangelist Johannes berichtet uns sieben Wunderzeichen, die Jesus getan hat. Wir werden sie in diesem Buch noch einmal nacherleben: Bei einer Hochzeit im galiläischen Dorf Kana macht er Wasser zu Wein. Im gleichen Ort heilt er den Sohn eines königlichen Beamten, der ihn flehentlich um Hilfe bittet. Ein Mann, der 38 Jahre krank am Teich Bethesda liegt, einsam und allein, abseits des gesellschaftlichen Lebens, wird gesund. Fünftausend Menschen werden satt von fünf Broten und zwei Fischen. Zwölf Körbe voll bleiben sogar übrig. In der Nacht nach dieser wundersamen Brotvermehrung begegnet Jesus seinen Freunden auf dem See Genezareth: Ein Sturm tobt, das Boot der Fischer droht unterzugehen, aber Jesus geht zu Fuß über die Wellen. Später heilt er einen Blindgeborenen, der noch nie die Sonne und die Farben der Welt gesehen hat. Und in Bethanien nahe bei Jerusalem geschieht das Unglaublichste: Jesus ruft seinen verstorbenen und schon von der Verwesung ergriffenen Freund Lazarus aus dem Grab heraus. –

Immer wieder stehen wir staunend vor dem, was Jesus tut, und fragen: Wer ist dieser Mann?

Es ist doch erstaunlich: Vor 2000 Jahren sind diese Wunder geschehen – und immer noch erzählen sich Menschen auf der ganzen Welt diese Geschichten. Mehr noch: Sie erzählen und erleben dabei, dass diese Wunder wahr sind. Gott tut heute noch Wunder. Nicht immer, nicht überall, schon gar nicht als Beweis unseres Glaubens – aber doch immer wieder, überraschend, auf seine ganz eigene Weise. Jesus ist nicht nur ein Wundertäter – er ist bis heute wundersam und wunderbar. Seine Wunder bewegen die Welt.

Sein Wesen ist einzigartig

Wer ist Jesus? An dieser Frage kommen wir nicht vorbei. Sie stellt sich immer wieder neu. Der vollmundige Redner und der spektakuläre Wundertäter passen in kein Schema. Immer wieder entzieht er sich dem Starkult des Volkes. Die Leute sind begeistert. Der Mann aus Nazareth ist auf dem besten Weg, ein Volksheld zu werden. Die Massen laufen ihm hinterher. Jesus ist ein Promi der Antike, aber entzieht sich immer dem Starkult. »Jesus Christ Superstar« – das ist nie sein Ding. Nie lässt er sich zum Star machen. Wenn sie ihn feiern wollen, zieht er sich in die Stille zurück. Es geht ihm nicht um Heldentum, Ruhm und Ehre. All seine Wunder sollen nur Zeichen sein für sein Wesen. Hinweise auf die Person, die er in Wahrheit ist.

Im Neuen Testament wird Jesus darum mit vielen Bezeichnungen benannt, die sein Wesen zum Ausdruck bringen.

- Er ist der **Menschensohn**. Diesen Titel verwendet er am häufigsten für sich selbst. Damit macht er deutlich: Er ist der kom-

Jesus ist ein Promi der Antike, aber entzieht sich immer dem Starkult.

mende Weltenrichter, der von Gott gesandt werden wird und vom Propheten Daniel im siebten Kapitel seines Buches bereits angekündigt ist. Er ist der, der Gerechtigkeit schaffen wird. Er ist nicht nur ein Mensch, er ist vielmehr von Gott, dem Höchsten, gesandt und bevollmächtigt.

- Er ist der **Sohn Gottes**. Er vollbringt Taten, die nur Gott tun kann und die nur Gott zustehen. Das betrifft nicht nur die Heilungen und spektakulären Wunder. Das gilt auch für die Vergebung der Sünden, die er anderen zuspricht. Dem Kranken, den vier Freunde zu Jesus bringen, spricht er das zuerst zu, bevor er ihn heilt: »Dir sind deine Sünden vergeben« (vgl. Markus 2). Jesus ist der Sohn Gottes, der schon vor aller Zeit war, der diese Welt mit geschaffen hat und dann in diese Welt hineinkommt und als Mensch geboren wird. »Wahrer Mensch und wahrer Gott« haben die frühen Christen in ihrem Bekenntnis festgehalten. Unbegreiflich – und doch zum Greifen nah.

- Er ist der **Messias**, das heißt übersetzt: der Gesalbte. Auf Griechisch schlicht: Christos, im Lateinischen: Christus. Dieser Titel ist zu seinem Namen geworden, Jesus Christus. Der Messias ist der Retter, auf den das Volk Israel seit David wartet. Ein Sohn Davids soll geboren werden, ein König, einer, der auch von Gott gesalbt und eingesetzt ist. Dieser Messias wird Frieden bringen und ein Reich der Gerechtigkeit aufrichten. Das wird für Israel und schließlich auch für die ganze Welt gelten. Die Juden warten heute noch auf den Messias; Christen erkennen ihn in Jesus, dem Christus.

Viele weitere Bezeichnungen umschreiben ihn: Jesus ist das Wort Gottes, das von Gott ausgeht und Fleisch wird. Jesus ist das Lamm Gottes, das die Sünde der Welt trägt. Jesus ist der, der den Heiligen Geist trägt und weitergibt. Die Bibel stellt uns Jesus vor als den, über den nicht hoch

Was er ist – das ist er für uns.

18

genug gedacht werden kann: Er ist der verheißene Retter und Erlöser der Welt, der Heiland. Was er ist – das ist er für uns.

Mehr geht nicht

Jesus stellt sich selbst vor in seinen »Ich bin«-Worten. Wieder ist es der Evangelist Johannes, der uns diese Selbstvorstellungen Jesu berichtet: »Ich bin«, sagt Jesus, »das Brot des Lebens.« Er macht satt, er stillt unseren Hunger nach Leben, unsere Sehnsucht nach Erfüllung. – »Ich bin das Licht der Welt. Wer mir nachfolgt, wird nicht im Dunkeln wandeln, sondern das Licht des Lebens haben.« – »Ich bin die Tür.« – »Ich bin der gute Hirte. Der gute Hirte lässt sein Leben für die Schafe.« – »Ich bin die Auferstehung und das Leben. Wer an mich glaubt, wird leben, auch wenn er stirbt.« – »Ich bin der Weg, die Wahrheit und das Leben. Niemand kommt zum Vater als durch mich allein.« – »Ich bin der wahre Weinstock. Wer in mir bleibt und ich in ihm, der bringt viel Frucht.« – Was sind das für Sätze!

→ Lesen Sie doch diese Sätze einmal im Original. Schlagen Sie eine Bibel auf, das Neue Testament und dort das Evangelium nach Johannes:

Johannes 6,35; 8,12; 10,7. 9. 11; 11,25; 14,6; 15,1.5.

Welche Bilder zeichnen diese Worte in Ihre Gedanken?

Was sagen diese Worte über Jesus aus?

Was bedeuten sie, wenn sie denn wahr sind, für uns Menschen?

Was lösen diese Sätze in Ihnen aus?

Wer kann so von sich reden, ohne überheblich zu sein? – Eine solch steile Selbstvorstellung wäre auch durch seine Wunder nicht gerechtfertigt. Da muss noch mehr dahinterstecken. Jesus will nicht nur einige kluge Gedanken vermitteln, eine Weltanschauung oder eine Philosophie. Jesus will auch nicht nur eine bessere Moral verfechten, eine gute Ethik, einige hilfreiche Gebote oder etwas Lebensberatung. Jesus will nicht einmal eine Religion begründen und einige gute Rituale etablieren und fromme Gefühle wecken. Er will nichts weniger als die Welt retten. Mehr geht nicht.

Sein Wirken öffnet uns den Himmel

»So sehr hat Gott die Welt geliebt, dass er seinen einzigen Sohn gab, damit alle, die an ihn glauben, nicht verloren gehen, sondern das ewige Leben haben« (Johannes 3,16).

Diesen Bibelvers lernen Konfirmanden auswendig. Eigentlich fasst er alles zusammen, worum es geht: was Gott für uns getan hat und was dies für uns bedeutet.

Es ist ja nicht bei Worten und Wundern geblieben. Die letzte Etappe seines Weges führte Jesus nach ganz unten: Vom umjubelten Liebling der Massen wird er zum verspotteten Außenseiter des Volkes. Der Wundertäter wird als Straftäter hingerichtet. Die Ereignisse überstürzen sich. Innerhalb kürzester Zeit gewinnen sie eine nicht zu überbietende Dramatik: Ein Freund verrät ihn. Religiöse und weltliche Gerichte verhören ihn. Er wird verleumdet und gemobbt, verspottet und geschlagen. Er wird geschunden und bloßgestellt. Schließlich nageln sie ihn ans Kreuz und lassen ihn einen Tod sterben, der schrecklicher nicht sein könnte. Über seinem Kopf hängt ein Schild mit einer Inschrift »INRI«: »Jesus von Nazareth, König der Juden«.

Der Wundertäter wird als Straftäter hingerichtet.

Dieser Tod verändert die Welt

Der hier so unbarmherzig ums Leben kommt, stirbt nicht nur seinen eigenen Tod. Er stirbt für uns. Denn alle Menschen, die diese Welt je betreten haben, haben den Tod verdient. Alle bis auf einen. Alle bis auf Jesus. Ohne Schuld war er. Ohne Versagen, ohne Hass und Missgunst, ohne Neid und Hintergedanken. Er, der ohne Schuld war, stirbt. Stellvertretend für uns tut er das. Kein Mensch kann für einen anderen sterben, aber der Gottessohn kann es und will es und tut es. Aus Liebe. Das ist sein Leben. Das ist seine Mission. Dieser Tod verändert die Welt.

Und seine Auferstehung verändert den Tod: Drei Tage war er begraben. Dann wurde er auferweckt. Die Schöpfermacht Gottes war vom Tod nicht zu halten. Zum ersten Mal und damit ein für alle Mal wurde der Tod besiegt. Jesus ist auferstanden. Er begegnet Menschen leibhaftig. Zuerst Frauen, dann auch Männern, den Jüngern, seinen engsten Gefährten. Sie sehen ihn, hören ihn, berühren ihn und erkennen ihn. Das ist die ungeheuerste Nachricht, die je in dieser Welt verbreitet wurde: Jesus lebt. Der Gekreuzigte ist auferstanden.

Jesus trägt die Sünde dieser Welt, auch meine. Er nimmt das weg, was uns von Gott trennt. So schafft er Frieden. Er versöhnt uns mit Gott. Wir müssen nicht mehr fern sein, wir dürfen ihm gehören und mit ihm leben. Jetzt kommt es nur darauf an, dass wir ihm glauben. Dass wir uns ihm anvertrauen. Das kann mit einem schlichten Gebet geschehen:

»Herr Jesus, ich danke dir, dass du mich so sehr liebst.
Ich habe deine Worte gehört und deine Wunder gesehen.
Danke, dass du am Kreuz für mich gestorben bist.
Danke, dass du auferstanden bist und lebst.
Ich öffne dir mein Leben.
Bitte vergib mir meine Schuld.
Lass mich leben mit dir.
Jetzt und für immer.
Dir will ich gehören.
Dir will ich vertrauen.
Du sollst der Herr meines Lebens sein.
Danke, dass du mich angenommen hast.
Amen.«

Vom Zuschauer zum Beteiligten

So kann ein Weg mit Jesus anfangen. Ich will das gleich vorneweg sagen, wenn wir uns jetzt mit Jesus auf den Weg machen und seine Wunder sehen. Es wird immer wieder darauf ankommen, dass wir vom Zuschauer zum Beteiligten werden, dass wir vom Zweifeln zum Staunen und vom Staunen zum Anbeten finden.

Glauben ist nichts Selbstverständliches. Glaube ist nicht »einfach da« in unserem Herzen – oder eben »nicht da«. Es gibt nicht einfach den frommen Typ Mensch und den atheistischen Typ. Glauben kann jeder und jede – und zugleich gilt: Glauben kann niemand.

Das klingt wie ein Widerspruch, aber es ist zugleich eine tiefe Wahrheit. Kein Mensch kann von sich aus an Gott glauben. Der Glaube ist immer ein Geschenk. Etwas, das in unserem Herzen zu wachsen beginnt, das aufblühen und herrliche Früchte tragen kann. Etwas, was aber auch verkümmern und vertrocknen kann, was nach anfänglichem Wachstum wieder eingeht oder aber erst gar nicht aufgeht, weil Wasser und Pflege fehlen.

> Glauben kann jeder und jede – und zugleich gilt: Glauben kann niemand.

Der Glaube ist in gewisser Hinsicht wie eine Pflanze, die aus einem Samenkorn wächst – oder auch nicht. Interessant: Schon Jesus hat das so ähnlich gesagt. Unser Glaube sei wie ein Senfkorn, also wie ein ganz kleiner, unscheinbarer Same. Aber wenn er aufgeht, dann kann er zu einer großen Pflanze werden.

Vorsicht beim Weiterlesen!

Wenn wir die Wunder von Jesus ansehen und auf seine Worte hören, dann ist das so etwas wie Pflanzenpflege: Es wird etwas wie ein Same in unser Herz gelegt, Wasser wird darübergegossen, und damit werden die Voraussetzungen für ein üppiges Wachstum geschaffen. Vorsicht also beim Weiterlesen: Es könnte sein, es geschieht etwas in Ihrem Herzen, von dem Sie nie erahnt haben, dass es geschehen könnte. Es könnte sein, Sie beginnen an Jesus zu glauben. Es kann sogar sein, dass Sie Wunder erleben, von denen Sie niemals glaubten, dass es sie gibt.

WUNDER 1:
WENN WASSER ZU WEIN WIRD

oder:

Warum ich Jesus für den größten Lebenslust-Macher aller Zeiten halte

*Und am dritten Tage war eine Hochzeit in Kana in Galiläa, und die
Mutter Jesu war da. Jesus aber und seine Jünger waren auch zur
Hochzeit geladen. Und als der Wein ausging, spricht die Mutter Jesu
zu ihm: Sie haben keinen Wein mehr. Jesus spricht zu ihr: Was geht's
dich an, Frau, was ich tue? Meine Stunde ist noch nicht gekommen.
Seine Mutter spricht zu den Dienern: Was er euch sagt, das tut. Es
standen aber dort sechs steinerne Wasserkrüge für die Reinigung
nach jüdischer Sitte, und in jeden gingen zwei oder drei Maße. Jesus
spricht zu ihnen: Füllt die Wasserkrüge mit Wasser! Und sie füllten
sie bis obenan. Und er spricht zu ihnen: Schöpft nun und bringt's
dem Speisemeister! Und sie brachten's ihm. Als aber der Speisemeister den Wein kostete, der Wasser gewesen war, und nicht wusste,
woher er kam – die Diener aber wussten's, die das Wasser geschöpft
hatten –, ruft der Speisemeister den Bräutigam und spricht zu ihm:
Jedermann gibt zuerst den guten Wein und, wenn sie betrunken werden, den geringeren; du aber hast den guten Wein bis jetzt zurück-
behalten. Das ist das erste Zeichen, das Jesus tat, geschehen in Kana
in Galiläa, und er offenbarte seine Herrlichkeit. Und seine Jünger
glaubten an ihn.*

Johannes 2,1-11

Wann haben Sie zum letzten Mal so richtig gefeiert? Ausgiebig und
herzlich mit allem, was dazugehört? Können Sie sich daran noch
erinnern? – Vielleicht war es ein Geburtstag, eine Party, ein Abend
mit guten Freunden in vertrauter Runde. Vielleicht auch eine große
Feier mit vielen unbekannten Leuten, aber guter Stimmung, guter
Musik und gutem Essen. Vielleicht war es ein rundes Jubiläum, ein
ganz persönliches privates Fest, klein, aber fein, oder es war die
Megasause, weil Ihr Lieblingsverein eine Meisterschaft gewonnen
hat ... – Anlässe zu feiern gibt es viele. Aber es gibt ein Fest, das
alle anderen Feste in den Schatten stellt. Es ist das Fest der Feste
schlechthin: eine Hochzeit.

Zwei Menschen geben sich ihr Jawort. Tausendmal in Hollywood verfilmt und in Herzen erträumt. Ob romantisch oder eher zweckmäßig, ob adelig oder armselig, ob pompös oder bescheiden – quer durch alle gesellschaftlichen Schichten und Kulturen werden Hochzeiten gefeiert. Und das seit Tausenden von Jahren.

Der beste Freund von Jesus

Es ist doch interessant, dass Jesus uns öffentlich zum ersten Mal auf einer Hochzeit begegnet und dort für Aufsehen sorgt. Zumindest berichtet das Johannes. Er war einer der Freunde von Jesus, einer seiner Jünger, wie sie genannt werden. Drei Jahre war er mit Jesus unterwegs. Er gab seinen Beruf als Fischer auf und zog mit Jesus durchs Land. Er folgte ihm nach, wie es heißt. Er hörte ihm zu, bewegte seine Worte in seinem Herzen, bedachte sie und versuchte, sie zu behalten und zu bewahren. Er sah, was Jesus tat. Er war einer der ganz engen Gefährten von Jesus. Ein Vertrauter, vielleicht sogar sein bester Freund. Vieles deutet darauf hin. Wenn man sein Evangelium liest, seine Geschichte von Jesus, dann erfährt man Geheimnisse, die nur die engsten Vertrauten erfahren. Johannes kannte die tiefen Ängste von Jesus, seine Gedanken und Gebete, bevor er gefangen genommen und gekreuzigt wurde. Er weiß mehr als alle anderen, die über Jesus jemals etwas geschrieben haben. Zum Beispiel über dessen Verhältnis zu seinem Vater im Himmel. Er versteht die Gefühle seines Freundes. Und mehr als alle anderen vermag er es, sein Wesen zu beschreiben. Johannes ist so geheimnisvoll wie seine Bücher, sein Evangelium, seine Briefe und erst recht die Offenbarung. Es scheint, als wäre es ihm vergönnt gewesen, bis in das Herz des

> Johannes weiß mehr als alle anderen, die über Jesus jemals etwas geschrieben haben. Zum Beispiel über dessen Verhältnis zu seinem Vater im Himmel.

Jesus von Nazareth zu sehen und darin Wundersames zu entdecken.

Besondere Augen des Herzens

Wie vertraut die beiden waren – Jesus und Johannes – wird auch
schlicht durch die Tatsache deutlich, dass Jesus ihm noch im Sterben seine Mutter anvertraute. Johannes sollte für sie sorgen und
sie für ihn. Er sollte an die Stelle des sterbenden Freundes treten.
Das veranlasste Jesus mit seinen letzten Atemzügen. Johannes ist
Teil eines besonderen Vermächtnisses, das Jesus hinterlassen hat.
Immer wieder heißt es, Johannes war der Jünger, den Jesus besonders schätzte, von Herzen liebte und in seiner Nähe wusste. Gewiss,
andere waren auch dabei: Simon Petrus zum Beispiel, der aufbrau-
sende Leithammel, der als Erster im Wasser war, wenn Jesus darüber
ging, der Heißsporn, der für Jesus mit dem Schwert kämpfen wollte
und ihn dann doch verriet. Und Jakobus war dabei, der treue, gewis-
senhafte und verlässliche Bruder des Johannes. Dieser selbst aber
war der Besonnene, der mit dem Tiefgang und mit dem Blick für das
Wesentliche. Johannes ist der Mensch, dem Gott besondere Augen
des Herzens schenkte: Er durfte am weitesten vorausehen, bis in
den Himmel hinein. Und er sah bis in die Tiefe der Seele des Menschen, der zugleich Gottes Sohn war. Wenn dieser Johannes etwas
von Jesus erzählt und von dessen Wundern, dann sollte uns das auf-
horchen lassen. Dann geht es um das Wahre und das Wunderbare.

Zutiefst intim und zugleich sehr gesellig

Und ebendieser Johannes erzählt als Einziger der vier Evangelis-
ten von dieser Hochzeit. Gefeiert wurde sie in Kana, einem Dorf im

galiläischen Bergland, 14 Kilometer nördlich von Nazareth, dem Ort, an dem Jesus aufgewachsen war. Dessen Mutter war auch eingeladen. Vermutlich feierte jemand aus der Verwandtschaft. So eine orientalisch-jüdische Hochzeit war ein ganz anderes Fest, als wir das kennen. Da wurde lange und ausgiebig gefeiert. Oft eine ganze Woche lang. Noch heute ist das üblich in dieser Gegend. Erst vor Kurzem erzählte mir ein arabischer Israeli von der Hochzeit seiner Tochter. Sieben Tage lang ist das Haus offen. Nachbarn, Verwandte und Freunde kommen, sie essen und trinken, sie freuen sich mit, sie lachen, sie feiern und tanzen, sie nehmen Anteil, sie gehen weiter und kommen wieder. Es ist eine ganz besondere Festzeit, intensiv und ausgelassen, offen für alle Begleiter des Lebens, persönlich so bedeutsam, aber auch sehr gesellig. Ein zutiefst intimes Geschehen und zugleich ein öffentliches Ereignis für das ganze Dorf und viele darüber hinaus. Nicht billig, aber wenn es um das Leben geht und um die Freude daran, darf nicht gespart werden. Sonst immer, aber nicht bei einer Hochzeit.

Da begegnet uns Jesus zum ersten Mal. Wenn es besonders persönlich wird und gesellig, ist er dabei. Mitten im Leben, mehr noch: auf dem Höhepunkt des Lebens. In der Festzeit taucht er auf.

Peinlich, peinlich…

Doch eigentlich droht dieses große Fest in Kana ja eher in einer Misere zu enden. Ach, was sage ich – es ist eine Peinlichkeit ersten Ranges. Da wird also eine Hochzeit gefeiert, da wird aufgetischt und aufgefahren, was das Zeug hält, da wird also einmal im Leben nicht gespart und nicht geknausert, einmal wird nicht auf Kohle und Kalorien geachtet. Da wird eine Fete veranstaltet, an die sich alle ein Leben lang gerne erinnern sollen – und dann das: Der Wein geht aus. Schlimmer geht es nicht.

Mal ehrlich, das war damals eine Megapanne, und das wäre es heute auch noch. Bei einer Hochzeit kann viel danebengehen. Es kann sein, Onkel Erwin trinkt einen über den Durst. Es kann sein, das Geschenk von Tante Martha ist ein Flop. Das Gedicht von Opa Willi kann danebengehen, und die Musik der Festkapelle darf auch mal schiefe Töne haben. Der Walzer muss nicht im Takt sein, nicht jede Krawatte muss zum Hemd passen, und nicht jedes Kleid muss laufstegverdächtig sein, aber eines darf nicht passieren: Der Wein darf niemals ausgehen.

Der Bräutigam wird so schamrot wie der Schwarzriesling, dessen letzte Tropfen in der Karaffe hängen. Was soll jetzt geschehen? Wie kann das Unglück abgewendet werden? Schon rufen die Gäste nach Nachschub. Da wendet sich Maria an ihren Sohn.

Die Mutter von Jesus ist auch da. Wie gesagt: Vermutlich heiratet jemand von den Verwandten. Deren Namen sind uns nicht überliefert. Das ist für Braut und Bräutigam wohl auch besser so; es gibt rühmlichere Anlässe, in die Geschichte einzugehen und im Buch der Bücher zu stehen, als diesen. Aber Maria wird genannt. Sie will offensichtlich helfen, denn sie flüstert Jesus zu, was sich gerade zuträgt: »Sie haben keinen Wein mehr«, sagt sie zu ihm. Gerade so, als wollte sie sagen: »Tu doch was!« – Hat sie eine Ahnung davon, dass ihr Sohn hier Möglichkeiten hat, die sonst keiner hat? Weiß sie etwas von seiner Wunderkraft?

Der Bräutigam wird so schamrot wie der Schwarzriesling, dessen letzte Tropfen in der Karaffe hängen.

Hat er womöglich als Kind und Jugendlicher schon gelegentlich für Aufsehen gesorgt, zumindest bei seiner Mutter? – Davon wissen wir nichts. Außer einer Episode ist uns nichts von der Kindheit des Jesus von Nazareth überliefert. Die allerdings hatte es in sich.

Vermisst: der kleine Jesus

Als er zwölf Jahre alt war, war er einmal ausgebüxt. Das war einigermaßen dramatisch für die Eltern Maria und Josef. Sie waren gerade auf dem Heimweg von einem der großen Feste in Jerusalem, als sie feststellten, dass ihr Sohnemann nicht mehr in der Reisegruppe aus Nazareth war. Wer sein Kind schon mal in einem großen Kaufhaus verloren hat, kann wohl nachvollziehen, wie es Maria und Josef damals zumute war. Der Herzschlag verdoppelt sich, das Blut schießt durch die Adern, Adrenalin jagt durch den Körper – alle halfen damals mit, den Jungen Jesus zu suchen. Nur eine Durchsage konnte es damals nicht geben: »Der kleine Jesus hat seine Mama verloren und kann am Bälle-Bad abgeholt werden.« Er war ganz woanders. Der gute Junge war schlicht in Jerusalem geblieben. Aber sie fanden ihn nicht am Süßwarenstand des jüdischen Marktes, sondern im Tempel. »Wisst ihr nicht, dass ich im Haus meines Vaters sein muss?«, hatte er sie buchstäblich unschuldig gefragt. Spätestens seitdem wusste Maria, dass es mit ihrem Sohn etwas Besonderes auf sich hatte. Um genau zu sein: Das wusste sie natürlich schon lange. Allein die Umstände seiner Geburt waren so außergewöhnlich und unvergesslich, so ungewöhnlich und wunderbar, dass von ihm durchaus Wunderbares zu erwarten war. Nur, bislang war davon wenig zu sehen und zu erleben gewesen. Aber jetzt, auf dieser Hochzeit in Kana, denkt sie, wäre doch eine gute Gelegenheit dafür. So ein kleines wundersames Eingreifen könnte das junge Paar vor einer Blamage bewahren.

Doch Jesus reagiert eigenartig schroff: »Was geht es dich an? Warum sagst du mir das?«, weist er seine Mutter zurück und fügt an: »Meine Stunde ist noch nicht gekommen.« Die Zeit für seinen ganz großen Auftritt ist noch nicht da. Jetzt noch nicht! Jesus scheint eine Ahnung vom Ablauf der bevorstehenden Ereignisse in seinem Leben zu haben.

Die ganze Sause driftet ins Chaos

Kein Wunder also. Jesus erteilt seiner Mutter eine Absage – aber sie glaubt nicht so recht daran. Die Worte von Jesus klingen noch in ihr nach, als sie auf die Bediensteten zugeht. »Was er euch sagt, das tut!« Maria kennt ihren Sohn nur allzu gut. Was passieren wird, weiß sie nicht, aber dass er nicht taten- und wortlos zusieht, wie die ganze Sause ins Chaos driftet, spürt sie. Also bereitet sie die Leute vom Partyservice schon mal auf etwas Außergewöhnliches vor. Wenn Jesus um etwas bitten sollte – und sei es auch noch so skurril –, dann sollen sie es tun. Einfach machen. Nicht fragen – machen! Und genau so geschieht es.

Es war ja schon ein bisschen – na, sagen wir mal – eigenartig, als Jesus die Bediensteten bat, Wasser in die Steinkrüge am Eingang zu füllen. Kann man machen, hat aber mit dem Wein nichts zu tun. Denn die Krüge sind für das Wasser zur Reinigung da. Bevor man den Festsaal betritt, gibt es hier die Gelegenheit, Hände und Füße zu waschen und sauber zum Fest zu gehen. Es geht hier also nicht einmal um Wasserkrüge für das Trinkwasser, die zum Einschenken auf dem Tisch stehen. – Aber gut, die Diener haben die Worte Marias noch im Ohr und tun, was Jesus sagt. Schaden kann das ja nicht, wenngleich sie gerade größere Probleme haben. Gesagt, getan. Der Nachsatz, den Jesus nun aber noch anfügt, macht sie dann doch stutzig: Sie sollen aus den Krügen schöpfen und das Geschöpfte dem Speisemeister bringen. Was soll das denn? Wasser aus Reinigungskrügen dem Speisemeister bringen? Damit machen sie sich doch lächerlich. Aber was soll's, der Gast ist König – und das hier scheint ein besonderer Gast zu sein.

Ein Fünf-Sterne-Tropfen

Die Reaktion des Chefkochs ist verblüffend: Aus diesem Wasser ist Wein geworden. Und was für einer! Ein richtig guter Tropfen – als Schwabe tippe ich auf eine Württemberger Spätlese, auch wenn das Widerspruch in so gut wie allen anderen Teilen der Welt auslösen wird. Jedenfalls lobt der Speisemeister, also ein Zeuge, der es wirklich beurteilen kann, den Wein über die Maßen und zeichnet ihn mit dem Prädikat »besonders wertvoll« aus, goldene Preismünze, ein Fünf-Sterne-Tropfen. »Was für eine Verschwendung«, hält der dem Bräutigam vor: »Wie kannst du den schon halb betrunkenen Gästen zuerst den billigen Fusel servieren und diesen Edeltropfen für den Schluss aufbewahren, wenn sie gar nicht mehr in der Lage sind, ihn zu würdigen?«

Zweifellos steht fest: Jesus hilft nicht nur aus der Misere und behebt den Mangel, sondern er macht Wein mit Qualität. Aber nicht nur das! Er macht auch Wein im Übermaß. Sechs Tonkrüge werden gefüllt. Jeder einzelne von ihnen fasst laut griechischem Text zwei bis drei Maße, wovon eines jeweils etwa 39 Litern entspricht. Wir können davon ausgehen, dass damit über 600 Liter Wein zur Verfügung standen. – Kurze Zwischenfrage an die verheirateten Leserinnen und Leser: Wie viel Wein gab es denn bei Ihrer Hochzeit?

Wann hatte Ihr Glaube zum letzten Mal eine Festzeit?

Wein ist das Genussmittel schlechthin. Schon der weise Salomo konnte den Wein als etwas preisen, was des Menschen Herz erfreut. Ein besonderes Geschenk des Schöpfers. Natürlich ist Wein und Alkohol immer auch mit Gefahren verbunden, aber Sucht und übermäßiger Alkoholkonsum sind hier nicht das Thema. Deutlich wird: Jesus will vom Anfang seines Wirkens an, dass wir leben. Er will die Fülle des Lebens für uns. Er will, dass wir uns nicht mit einem Glas Wasser oder billigem Fastfood zufriedengeben, sondern

33

uns nach der Fülle sehnen. Was für ein Signal gleich zu Beginn seines Wirkens!

Ist Ihnen das eigentlich klar?

Ein paar persönliche Fragen

Darf ich mal so direkt fragen: Leben Sie schon?
Oder – frei mit einem schwedischen Möbelhaus gefragt: Wohnen Sie noch?
Existieren Sie nur? Funktionieren Sie so eben? Überleben Sie halt von Tag zu Tag – oder leben Sie?

Arbeiten Sie nur und erfüllen Sie Ihre Pflicht oder leben Sie ein erfülltes Leben?
Haben Sie nur Alltag – oder wissen Sie auch, was Sonntag bedeutet?
Hat Ihr Herz eine Ahnung davon, wie ein Festtag aussieht?

Wenn Sie verheiratet sind: Wann hatte Ihre Ehe zuletzt Festmomente?
Leben Sie Ihre Ehe und gestalten, ja feiern Sie Ihre Beziehung?

Wann haben Sie als Familie zum letzten Mal ein Fest erlebt?
Freude aneinander und miteinander und nicht nur das gewohnte Nebeneinander?

Und wann hatte Ihr Glaube zum letzten Mal eine Festzeit? Nicht nur Routine, sondern Leben. Nicht nur Wasser, sondern Wein...?

Jesus macht Wasser zu Wein. Und er will aus unserem Leben Neues schaffen. Er will ein Fest des Lebens für uns.

Bitte verstehen Sie das jetzt nicht falsch: Ich sage nicht, Jesus sei gekommen, um ein bisschen Party zu machen, oder um zu vermitteln, Christen dürften auch gelegentlich einen guten Wein trinken. Das wäre völlig an der Geschichte vorbei! Jesus setzt vielmehr ein Zeichen. Er setzt das Signal auf Leben. Er weckt unseren Anspruch an uns selbst: Wir sollten uns nicht mit unserer normalen Existenz zufriedengeben, einem halbwegs gesunden und passablen Leben. Gewiss können wir für jeden auch noch

Jesus weckt in uns die Sehnsucht nach Ewigkeit, nach Fülle, eben nach Leben.

so bescheidenen Tag dankbar sein, aber Jesus weckt in uns die Sehnsucht nach Ewigkeit, nach Fülle, eben nach Leben.

Unser Leben: ein Fest!

Immer wieder ist in der Bibel vom Himmel die Rede. Nicht allzu oft. Es geht in den Schriften des Alten und Neuen Testaments viel mehr um das Leben hier auf dieser Erde. Nichts Menschliches ist der Bibel fremd. Und doch wagt sie gelegentlich einen Blick in das Jenseits. Meist in Bildern, weil wir uns das Unbeschreibliche eben nur so vorstellen können. Dabei ist von einem Festmahl die Rede, von einer Hochzeit. Jesus wird als der Bräutigam beschrieben und alle, die an ihn glauben, als seine Braut. Der Himmel ist für uns so etwas wie ein fantastisches Hochzeitsfest.

Wenn Jesus als Ort seines ersten öffentlichen Auftritts eine Hochzeit wählt, macht er damit von Anfang an das Ziel deutlich: Es geht um das Leben. Um Freude. Um ein vollendetes Fest. Das zu vermitteln und möglichst vielen zu ermöglichen, ist seine Mission.

> Wenn Jesus als Ort seines ersten öffentlichen Auftritts eine Hochzeit wählt, macht er damit von Anfang an das Ziel deutlich: Es geht um das Leben.

Ist Ihnen das bewusst? – Jesus ist nicht angetreten, um unsere hohen Gedanken noch etwas höher, unsere tiefen Gefühle noch etwas tiefer oder unsere gute Moral noch etwas besser werden zu lassen. Er will das Leben, das pralle Leben, erfülltes Leben. Er will feiern. Er will, dass wir das nicht nur in einigen schönen Momenten unseres Lebens sagen können, sondern immer: »Ich lebe gern.«

Sieben herausragende Wunderzeichen

Das wird vor allem deutlich, wenn wir bedenken, dass uns Johannes sieben besondere Wunderzeichen von Jesus berichtet. Er nennt diese Ereignisse nicht nur »Wunder«, sondern verwendet dafür einen besonderen griechischen Begriff: *semeia* nennt er sie, »Wunderzeichen« übersetzen wir am besten. Es sind wundersame und zugleich wunderbare Ereignisse, die einen tieferen Sinn haben. Was geschieht, ist nicht nur sensationell, sondern hat eine tiefere Bedeutung. Es sind Zeichen, die auf etwas Größeres verweisen als nur auf das Spektakuläre, das geschieht. Es sind buchstäblich weltbewegende Ereignisse, von denen man Hunderte, ja Tausende von Jahren später noch sprechen wird. Sie bewegen Menschen, sie bewegen die Welt – und sie erzählen davon, wie selbst der Himmel in Bewegung gerät. Jede einzelne Geschichte entfaltet eine Facette vom Charakter des Mannes, der all diese Wunder tut und damit Zeichen setzt. Sie lassen uns bis heute staunen: Mein Gott, Jesus, was tust du? Und: Wer bist du?

Das erste der sieben Wunderzeichen haben wir in diesem Kapitel näher in Augenschein genommen: Es ist die Hochzeit zu Kana. Jesus macht aus Wasser Wein. Ein Ereignis, das in die Geschichte eingehen wird, spektakulär, unerklärbar und für die Anwesenden so eindrücklich, dass sie offensichtlich Jahre später noch davon erzählten. Wein ist dabei nicht nur ein Lebensmittel, sondern das Genussmittel schlechthin.

Das zweite Wunderzeichen geschieht ebenfalls in Kana. Johannes berichtet im vierten Kapitel seines Evangeliums davon. Jesus heilt den Sohn eines königlichen Beamten. Der Vater kommt in Panik zu Jesus. Er klagt seine Not. Und der Junge wird gesund, obwohl Jesus gar nicht bei ihm ist, ihn nicht kuriert, nicht einmal berührt. Leben heißt heil werden. Nicht nur ein Mensch, auch eine Familie wird gerettet und vor Trauer bewahrt.

Das dritte Wunder ereignet sich in Jerusalem am Teich Bethesda. Diese Bäderanlage ist heute teilweise ausgegraben und kann von Besuchern der Heiligen Stadt in Augenschein genommen werden. Dort passiert etwas ganz Bemerkenswertes: Ein Mann, der 38 Jahre lang krank war, wird gesund. Jesus spricht mit ihm und heilt ihn. Was für ein Fest! Ein kranker, lahmer und einsamer Mann wird gesund. Ein Gelähmter ist bereit dafür, zum Tanz zu bitten. Da kommt Leben in die alten Knochen. Und wie!

Das vierte Wunderzeichen findet in Galiläa statt auf einem Hügel nahe am See Genezareth. Weit weg also von Jerusalem im Norden des Landes, näher an der Heimat von Jesus. 5 000 Menschen hören gespannt zu, wie Jesus predigt und lehrt. Es geschieht also zu einem Zeitpunkt, als er längst die Massen anzieht. Der Lehrer hat viele Fans und Anhänger, die ihn hören und sehen wollen. Alle bekommen Hunger. Und alle werden satt. Fünf Brote und zwei Fische sind da – und zwölf Körbe voll bleiben übrig. Leben heißt satt werden.

Am Abend desselben Tages folgt das fünfte Wunderzeichen: Als es dunkel geworden und die Menge wieder nach Hause gegangen ist, fahren die Freunde von Jesus mit ihrem Boot über den See. Sie rudern. Sie müssen sich anstrengen. Mitten in der Nacht und mitten auf dem See begegnet ihnen dann Jesus – über das Wasser gehend. Was für ein Phänomen. Der Mensch, der über dem Chaos steht und über Wellen geht! Wahrscheinlich ist kaum ein Wunder von Jesus bekannter als dieses. Auch wer nicht bibelfest ist und Jesus nur vom Hörensagen kennt, hat diese Story schon einmal gehört.

Wieder in Jerusalem, ereignet sich schließlich das sechste Wunder: wieder an einem Teich, dieses Mal am Teich Siloah. Jesus heilt dort einen Blinden, der noch nie das Licht der Welt erblickt hat. Er ist blind geboren. Er kennt keine Farben, keine Sonne, kein Licht. Zum ersten Mal sieht er. Es ist wie eine Geburt; Leben spiegelt sich in vormals toten Augen.

Das siebte Wunderzeichen schließlich ist der Gipfel. Schon alle vorausgehenden sind eigentlich unglaublich. Und wenn viele ungläubig den Kopf schütteln angesichts solch unbegreiflicher Geschehnisse, so werden sie ganz abwinken oder aber aus dem Staunen nicht mehr herauskommen. Jesus erweckt den toten Lazarus zu neuem Leben. Ein guter Freund in Bethanien ist an einer Krankheit schnell gestorben, plötzlich und unerwartet. Erst als die Todesanzeige schon in der Zeitung steht und der Gute bereits beerdigt ist, taucht Jesus auf. Zu spät, möchte man meinen. Dann aber geschieht das Wunder: Lazarus kommt aus seiner Grabhöhle heraus. Ein Toter erwacht zu neuem Leben. Wahnsinn!

All diese Wunder zeigen auf den Wundermann: Jesus, dem es immer um das Leben geht. Wenn er Wasser zu Wein macht, wenn er Kranke heilt, wenn er Hungernde satt- **Dass wir leben,** macht, wenn er einen Toten ins Leben zurückruft – er **ist seine Mission.** will Leben und er schenkt Leben. »Ich lebe und ihr sollt auch leben«, sagt er einmal. Dass wir leben, ist seine Mission.

Die sieben Wunderzeichen im Johannesevangelium:

Was für ein Wunder?	Wo?	Bibelstelle	Motiv
1) Weinwunder bei einer Hochzeit	Galiläa/Kana	Johannes 2,1-11	WEIN
2) Heilung des Sohnes eines königlichen Beamten	Galiläa/Kana	Johannes 4,46-54	
3) Heilung eines einsamen Mannes	Jerusalem/Teich Bethesda	Johannes 5,1-16	
4) Speisung der 5000	Galiläa	Johannes 6,1-15	BROT
5) Jesus geht über den See	Galiläa/See Genezareth	Johannes 6,16-21	
6) Heilung eines Blindgeborenen	Jerusalem/Teich Siloah	Johannes 9,1-7.8-41	
7) Auferweckung des Lazarus	Bethanien bei Jerusalem	Johannes 11,1-44	LEBEN

Jesus meint es mit dem Leben todernst

Wenn Jesus in uns die Sehnsucht nach Ewigkeit, nach Fülle weckt, dann meint er es ernst. Mit dem Leben meint es Jesus todernst: Bei diesem ersten Wunder, das Jesus tut, stehen die Zeichen auf Leben. Und gleichzeitig stehen die Zeichen auf Tod. Damit wir das Leben gewinnen, wählt Jesus den Tod für sich. Auch das deutet er bei seinem ersten Wunderzeichen schon an. Das Weinwunder ist ein Wunder für den Genuss. Und gleichzeitig ist es ein Wunder »auf Leben und Tod«.

- Johannes gibt den ersten Hinweis auf das bevorstehende Sterben, wenn er im Vers 1 in dieser Erzählung die Wendung »am dritten Tag« verwendet. Der »dritte Tag« erinnert in der Bibel immer an die drei Tage, die der Prophet Jona im Bauch des Fisches verbrachte und an die drei Tage des Todes von Jesus' Kreuzigung bis zu seiner Auferstehung.
- Jesus verweist seine Mutter darauf, dass »seine Stunde« noch nicht gekommen sei. »Seine Stunde« meint aber letztlich seine Todesstunde. Wer das ganze Evangelium liest, sieht hier schon das Kreuz aufleuchten. Alles, was Jesus tut, wird vollendet durch seinen Tod am Kreuz und seine Auferstehung. Immer wieder verweist Jesus auf »die Stunde« seines Sterbens, den Höhepunkt seines Dienstes. Johannes hat als einziger Jünger diese Hinweise besonders sensibel wahrgenommen und notiert. Wenn Sie sein Evangelium lesen, finden Sie diese Formulierung an folgenden Stellen: Johannes 2,4; 7,30; 8,20; 12,23.27; 13,1; 17,1.
- Wasser und Wein tauchen später noch einmal auf – in verwandelter Form: Wasser und Blut fließen aus der Wunde des toten Jesus am Kreuz (Johannes 19,34). Deshalb sind auch Wasser und Wein aus diesem Wunder ein verborgener Hinweis auf das Kreuz.

Gleich nach der Hochzeit geht die Reise von Jesus und seinen Gefährten weiter: Das Ziel ist Jerusalem (Johannes 2,13). Von Galiläa führt sein Weg nach Jerusalem. Das ist das Ziel seiner Sendung. Dort wird das entscheidende Zeichen geschehen.

Alles deutet schon hier am Anfang seiner Geschichte auf das Ziel in Jerusalem hin. Jesus wählt den Weg dorthin freiwillig. Dazu kommt er in diese Welt. Er ist nicht hier, um gute Laune zu vermitteln oder uns zu ermuntern, doch lieb und nett zueinander zu sein. Er weiß, dass die Feste in dieser Welt vergehen, dass uns irgendwann nicht nur der Wein ausgeht, sondern auch die Luft zum Atmen, dass wir das Leben verlieren, dass das Feiern ein Ende hat. Aber gerade damit will er sich nicht abfinden. Jesus bahnt den Weg zum Leben und ist bereit, dafür zu sterben.

Jesus tut, was der alte König David schon in seinem wohl bekanntesten Psalm geschrieben hat, in Psalm 23:

»Du bereitest vor mir einen Tisch im Angesicht meiner Feinde. Du salbest mein Haupt mit Öl und schenkest mir voll ein.«

Genau das tut er: Er schenkt uns reinen Wein ein. Er macht unser Schicksal zu seinem und stirbt für uns – damit wir leben können.

Nur wer ganz sauber ist, darf rein

Die sechs Steinkrüge mit Wasser machen das deutlich: Sie sind ja zur Reinigung gedacht. Einlass zum Fest findet nur, wer sich wäscht und reinigt. Denn zu einem Fest gehören saubere Menschen mit sauberen Kleidern und gewaschenen Händen und Füßen. Nur wer gewaschen ist, hat Zutritt.

Nur wer gereinigt ist, darf rein und nimmt am Fest des Lebens teil. Wie wir eben schon gesehen haben, weist der Wein an dieser Stelle schon auf das Blut, das Jesus vergießen wird. Später beim Abendmahl wird er diesen Verweis selbst aussprechen. Dieses Blut reinigt uns. Dieser Wein, den Jesus ausschenkt, schenkt uns das Leben.

Er nimmt alles auf sich: den Schmutz unseres Lebens, die Schuld unserer Existenz, die Sünde unseres ganzen Daseins. Darum haben wir Zugang zum endgültigen großen Fest im Himmel, dem Hochzeitsfest schlechthin: Jesus vergießt dafür sein Blut und vergibt uns unsere Schuld. Das alles tut er aus Liebe. Denn nur wer ganz sauber ist, darf rein. Ganz sauber sind wir aber alle nicht – gerade dafür ist Jesus da.

Was machen Sie jetzt mit diesem Wein?

Damit hat Jesus sein erstes Zeichen gesetzt. Ein Zeichen für das Leben – für Ihr Leben! Die Frage ist nur, wie gehen Sie damit um? Was machen Sie damit? Jesus schenkt ein – trinken Sie auch? – Dazu lade ich Sie von Herzen ein: Greifen Sie zu! Nehmen Sie, trinken Sie, genießen Sie – und: Leben Sie!

Beim Glauben gibt es keine Gleichgültigkeit: Entweder wir vertrauen dem, was Jesus uns gibt, oder wir lehnen ihn ab.

Es gibt im Blick auf Jesus keine neutrale Position – entweder Sie greifen zu oder Sie lassen den Wein stehen. Beim Glauben gibt es keine Gleichgültigkeit: Entweder wir vertrauen dem, was Jesus uns gibt, oder wir lehnen ihn ab. Johannes berichtet immer wieder in seiner Geschichte von Jesus, wie dieser gesagt hat: »Komm und sieh!« So hat er Einzelne angesprochen. So hat er eingeladen, sich auf ihn einzulassen. Es einfach zu wagen. So lädt er auch heute ein: »Komm und sieh und trink und wag es einfach mal mit mir!«

Weil er will, dass wir zugreifen, macht er den besten Wein, den man in Kana je getrunken hat, und mehr, als man auf einer Hochzeit je gesehen hat. Jesus zieht unsere Aufmerksamkeit auf sich. Er sorgt für Schlagzeilen, damit wir nicht achtlos vorübergehen, sondern aufmerken und das Leben ergreifen. Wohl bekomm's!

MEIN GOTT, JESUS

Du machst Wasser zu Wein, und du schenkst mir voll ein.
Was du mir schenkst, ist genug.
Du gibst alles für mich, und dein Blut macht mich rein.
Du trägst am Kreuz den Betrug.
Du bist da in der Nacht, und du liebst mich ins Licht.
Was du mir sagst, macht mir Mut.
Deine Stimme spricht sacht: »Ich verlasse dich nicht.«
Du meinst es mit mir nur gut.

Mein Gott, Jesus, ich staune über dich.
Deine Wunder bewegen die Welt.
Mein Gott, Jesus, ich bete dich an.
Du bist der Herr, der mich hält.

WUNDER 2:
WENN EIN WORT WUNDER WIRKT

oder:

Warum es sich lohnt,
auf einen Satz zu vertrauen

*Und Jesus kam abermals nach Kana in Galiläa, wo er das Wasser
zu Wein gemacht hatte. Und es war ein Mann im Dienst des Königs;
dessen Sohn lag krank in Kapernaum. Dieser hörte, dass Jesus aus
Judäa nach Galiläa kam, und ging hin zu ihm und bat ihn, herab-
zukommen und seinem Sohn zu helfen; denn der war todkrank. Und
Jesus sprach zu ihm: Wenn ihr nicht Zeichen und Wunder seht, so
glaubt ihr nicht. Der Mann sprach zu ihm: Herr, komm herab, ehe
mein Kind stirbt! Jesus spricht zu ihm: Geh hin, dein Sohn lebt! Der
Mensch glaubte dem Wort, das Jesus zu ihm sagte, und ging hin. Und
während er hinabging, begegneten ihm seine Knechte und sagten:
Dein Kind lebt. Da erforschte er von ihnen die Stunde, in der es besser
mit ihm geworden war. Und sie antworteten ihm: Gestern um die
siebente Stunde verließ ihn das Fieber. Da merkte der Vater, dass es
die Stunde war, in der Jesus zu ihm gesagt hatte: Dein Sohn lebt. Und
er glaubte mit seinem ganzen Hause. Das ist nun das zweite Zeichen,
das Jesus tat, als er aus Judäa nach Galiläa kam.*

Johannes 4,46-54

Mitten in die Schreibarbeiten zu diesem Buch platzt eine für mich
furchtbare Nachricht: Ein guter Freund von mir, ein Kollege und
Weggefährte und – wie wir Christen das sagen – ein sehr geschätz-
ter Bruder hat einen Schlaganfall. Von jetzt auf nachher. Einfach
so aus heiterem Himmel. Er war aufgebrochen zu einer längeren
Autofahrt, um in etwa drei Stunden Entfernung andere Menschen
zu treffen, eine Sitzung steht an, Gespräche, Begegnungen. Dann
verspürt er in dieser Sitzung auf einmal einen Druck an der Stirn,
Schwindel, Unwohlsein, ein Taubheitsgefühl im Gesicht. – Wenige Minuten später ist der Notarzt da, und die intensivmedizinische
Versorgung beginnt. Mit Blaulicht wird er in eine nahe gelegene
Universitätsklinik gebracht. Die Lage ist ernst. Die Ärzte reden Klar-
text. Er muss operiert werden. Sein Leben hängt an einem seidenen
Faden – oder müssen wir doch sagen: Es liegt in Gottes Hand?

Warum lässt Gott das Gute zu?

Wie ist das eigentlich? – Sind wir nur dem Schicksal ausgeliefert, den Zufällen unserer Existenz? Oder gibt es einen Gott, der über unser Leben wacht? Aber wenn es ihn gibt, warum tut er das nicht immer? Warum geschieht so viel Schlimmes? – Wir könnten aber auch fragen: Warum lässt Gott das Gute zu? Warum gibt es so viele wunderbare Momente in unserem Leben? Warum erfahren wir so viel unverdientes Glück? Warum leben wir in Frieden in unserem Land? Warum haben wir genug zu essen und andere nicht? Warum haben wir mehr an Wohlstand und Versorgung als alle Generationen vor uns? Warum habe ich die vielen Krankheiten und Schicksalsschläge nicht erfahren, die andere haben? Warum geht es uns nur so gut? – So können wir auch fragen. So zu fragen macht uns dankbar. Gerade dann, wenn uns schmerzlich bewusst wird, wie kostbar und wie wenig selbstverständlich unser Leben ist.

Die nächste Seite gehört Ihnen. Halten Sie einmal die ersten zehn Dinge fest, die Ihnen Grund zur Dankbarkeit geben. Was fällt Ihnen spontan ein? Was gibt es an Schönem und Gutem, das Sie erlebt haben? – Fangen Sie an, Ihrem Dank Raum zu geben.

Meine ersten zehn Gründe,
ein dankbarer Mensch zu sein:

Wir hängen am Leben

Am Morgen dieses Tages ging er fröhlich und zuversichtlich aus dem Haus, am Abend liegt er auf der Intensivstation. Apparate überwachen Herzschlag und Atmung. Schläuche und Kabel am ganzen Körper. Medizintechnik erhält sein Leben. – Unser Leben ist nicht viel mehr als ein Windhauch im Großen und Ganzen der Zeit. Was wir sagen und tun, nicht mehr als ein Wimpernschlag im Universum. Und doch leben wir. Wir wollen leben. Wir haben dieses Leben bekommen und hängen an ihm. Und wir hängen am Leben der Menschen, die wir von Herzen lieben. Darum kämpfen wir für sie. Wir treten für sie ein, wenn ihr Leben bedroht ist. Genau so muss es jenem Vater gegangen sein, dessen Sohn todkrank daniederlag, und der seine letzte Hoffnung auf einen Mann setzte, von dem man sagte, er könne Wunder tun.

Das geschah wieder in Kana in Galiläa, dort also, wo es vor einiger Zeit den besten Wein gegeben hatte, der je durch die Kehle eines Menschen geflossen war. Jesus ist inzwischen unterwegs gewesen in Jerusalem und macht nun wieder Station in Kana. Auf ihn kommt ein Mann zu, der gar nicht in Kana wohnt. Er stammt aus Kapernaum, der kleinen Stadt unten am See Genezareth. Er hat sich auf den Weg gemacht, ist die Berge hinaufgewandert, nur um Jesus zu treffen. Sein Sohn hat ihn getrieben, besser gesagt: die Sorge um seinen Sohn. Wenn nicht bald etwas geschieht, stirbt er. Es gibt keine Intensivstation in Kapernaum, kein Krankenhaus, keine Medizintechnik. Es gibt nichts, was ihn retten kann. Welche Panik muss einen Vater erfassen, der das Leben seines Sohnes vergehen sieht! Seine Liebe und seine Angst treiben ihn den Berg hinauf.

Die Stoßgebete eines Beamten

Er ist ein königlicher Beamter, ein Staatsdiener. Er gehört zu denen, die nicht jedem dahergelaufenen Wüstenprediger folgen. Im Gegenteil – er hat es überhaupt nicht mit den jüdischen Kulten und Sekten und Gruppierungen. Er gehört zu den Privilegierten des Landes. Er ist zumindest in der galiläischen Provinz ein Mann von Welt. Nicht von allen geschätzt und geliebt, aber er hat Rang und Namen. Nur, was hilft das schon, wenn das eigene Kind im Sterben liegt? Wenn es ums Ganze geht, sind alle Menschen gleich. Wir werden nackt geboren, und wir nehmen nichts mit, wenn wir sterben. Der Tod kennt keine Hierarchien. Er holt alle. – Aber jetzt noch nicht, denkt dieser Mann. Es ist zu früh. Es verstößt gegen das Leben und seine Ordnung, dass sein Sohn vor ihm gehen muss, jetzt schon. Und darum läuft er. Er läuft und läuft, bis er, ausgelaugt vom langen Wandern, von Staub und Hitze, Jesus endlich findet, es ist um die Mittagszeit. Es war der längste Weg seines Lebens, diese Tour nach Kana zu dem Weinmacher, dem Wundermann, seiner letzten Hoffnung.

Er geht direkt auf ihn zu. Ohne Umschweife: »Bitte hilf mir! Meinem Sohn! Bitte komm herunter nach Kapernaum. Sonst stirbt er.«

Wenn es um alles geht, macht man keine langen Worte. Es ist keine Zeit für Höflichkeiten oder Formalitäten. An diesem Mann sehen wir, was Stoßgebete sind. »Bitte! Hilf mir! Jetzt!« Jesus muss doch nur mitkommen, hinunter nach Kapernaum. Der Weg ins Tal ist viel leichter und schneller zu bewältigen als der Aufstieg. Einen Versuch wäre es doch wert. Es geht doch um viel mehr als um Wein. Es geht doch um ein Leben. »Bitte!«

Aber Jesus antwortet wieder eigenartig unberührt, so wenig einfühlsam, so überraschend sachlich und cool: »Wenn ihr keine Zeichen und Wunder seht, so glaubt ihr nicht.«

Er redet die Umstehenden an. Alle. »Ihr« sagt er. Dabei geht es doch um den Vater. Jetzt geht es doch nicht um Prinzipien und nicht darum, wer an was auf welche Weise glaubt. Jetzt geht es doch um Leben und Tod.

Es geht um Leben und Tod

Doch, sagt Jesus. Es geht um uns alle. Wenn es um den Glauben geht, dann geht es um Leben und Tod. Und unser Problem ist: Wir glauben nicht. Wir vertrauen seinen Worten kaum. Wir trauen ihm nicht wirklich etwas zu. Das Hören genügt uns nicht; wir wollen Beweise sehen. So ein Weinwunder ist zum Beispiel ganz nach unserem Geschmack. Da sagen wir ganz schnell: »Bitte mehr davon!«

Er will mehr von uns als ein paar offene Augen und klatschende Hände – er will unser Herz.

Aber Jesus ist nicht als Entertainer auf diese Welt gekommen. Er hat gar nicht vor, einen auf Zauberer, Illusionskünstler oder Medizinmann zu machen. So tritt er nie auf. Es geht ihm nicht um den Effekt, das Staunen und den Beifall. Er will mehr von uns als ein paar offene Augen und klatschende Hände – er will unser Herz. Darum stellt er jetzt die allgemeine Erwartung nach einem medizinischen Wunder infrage – und tut es trotzdem.

Das ist vielleicht das Wundersamste überhaupt. Jesus will keine Show und keine Schlagzeilen, aber weil er unser Herz erreichen will, liefert er sie trotzdem. Es ist mehr als eine Show, eine Demonstration seiner Möglichkeiten und seiner Menschenliebe, ein Schauspiel seiner Güte, eben ein Zeichen. Er zeigt dem Vater und uns allen, was er kann, wer er ist und wer er für uns sein will: der, der heil macht. Um es mit einem alten, aber wunderschönen Wort zu sagen: der Heiland.

Der Vater des kranken Sohnes bleibt beharrlich: »Komm herab, ehe mein Kind stirbt!«

Mehr hat er nicht zu sagen. Das ist seine Bitte. Darum ist er da. Und Jesus ist für ihn da. Er erhört seine Bitte. Aber er bricht nicht auf, um mit ihm loszugehen. Er packt nicht seine Siebensachen und wandert nach Kapernaum. Er gibt dem Vater seine Zusage: »Geh zurück! Dein Sohn lebt.«

Kein Spektakel – nur ein Wort

Kein Wunder. Kein Spektakel. Nichts Sichtbares oder Schmeckbares. Nur ein Wort. Ein einziger Satz. Das soll es jetzt gewesen sein? Das darf doch nicht wahr sein! – Die Menschen, die die Szene miterleben, mögen empört sein oder zumindest irritiert. Der Vater aber verlässt sich schlicht auf das, was Jesus sagt. Er vertraut seinem Wort und geht zurück. Das ist wahrer Glaube. Das ist das Vertrauen, um das es Jesus geht. Er erfüllt dem Vater seinen Herzenswunsch und erteilt den Umstehenden eine Lektion: Wer sichtbare Wunder erwartet, um glauben zu können, mag enttäuscht werden. Wunder werden nie den Glauben begründen können. Wunder sind Ausnahmehandlungen Gottes. Natürlich ist jeder Tag voller Wunder, und ohne die Wunder der Schöpfung würden wir keinen Atemzug machen. Es ist ein Wunder, dass wir heute leben – keine Frage. Aber besondere Eingriffe in das Schöpfungshandeln Gottes sind nicht das Alltägliche. Es sind besondere Hinweise auf den, der die Macht über das Leben hat: auf Jesus selbst. Der Glaube aber an ihn kommt aus dem Hören.

Etwas später wird Jesus genau das sagen: »Wer mein Wort hört und glaubt dem, der mich gesandt hat, der hat das ewige Leben und kommt nicht in das Gericht, sondern er ist vom Tode zum Leben hindurchgedrungen« (Johannes 5,24).

Der Mann macht sich auf den Heimweg. Ich kann mir vorstellen, wie er nach Hause geeilt ist. Wahrscheinlich ist er regelrecht geflogen. So schnell wird noch kaum ein Mensch von Kana nach Kapernaum gelaufen sein. Er ist voll freudiger Erwartung. Sein Sohn lebt, hat Jesus gesagt. Also muss er ihn schnellstmöglich sehen und in die Arme schließen. Vielleicht kommen zwischendurch aber auch wieder Zweifel auf. Ob es wirklich stimmt? Ob er sich wirklich auf das Wort von Jesus verlassen kann? Ob Jesus ihn nicht einfach ganz billig abgespeist hat? Ein Beruhigungswort, ein Trostwort ohne Kraft? – Aber nein, er hat darauf vertraut. Es war ihm ganz klar. Mein Sohn muss leben, sagt er sich. Jesus hält Wort.

Und als er noch so mit sich ringt und kämpft und läuft und läuft – da kommen ihm seine Angestellten entgegen. Sie schnaufen und atmen schwer, weil sie ihrem Chef den Berg hinauf entgegenkommen und schon seit vielen Stunden gegangen sind, die Nacht hindurch:

»Dein Kind lebt«, sagen sie kurzatmig. »Er lebt.« Sie halten sich an einem Baumstamm fest und lassen sich auf die Steine am Wegesrand fallen, immer noch nach Atem ringend und nach Worten.

»Seit wann?«, fragt der Vater. »Wann wurde es besser mit ihm?«

»Gestern. Seit gestern um ein Uhr«, keuchen sie. »Da war das Fieber weg. Einfach weg.«

Er tanzt den Berg hinunter

Dem Vater fällt es wie Schuppen von den Augen. Um ein Uhr. Das war genau die Zeit, als er mit Jesus redete und er zu ihm gesagt hatte: »Dein Sohn lebt.« Es ist nicht zu fassen. Was ist das für ein Mensch? Er muss mehr sein als nur ein Wundermensch. Das ist für den Vater klar. Er geht mit seinen Angestellten nach Hause. Leicht, beschwingt, beglückt. Er tanzt den Berg hinunter bis nach Kapernaum und umarmt seinen Sohn, lässt ihn nicht mehr los, bis die Tränen von seinen Wangen über die Schultern des Kindes rinnen. Wenn Gott Wunder tut, brechen alle Dämme. Es ist, als würde ihm sein Sohn noch einmal neu geschenkt.

Dieser Mann beginnt zu glauben mit seinem Haus. Das bedeutet, seine ganze Familie, all seine Bediensteten kommen zum Glauben. Er wird nicht aufhören, diese Geschichte zu erzählen. Die Geschichte von seinem todkranken Sohn, von dem Fieber, von seinem Weg nach Kana und von dem Wort des Jesus. Von diesem Satz, der gestimmt hat. Er wird nicht aufhören, davon zu reden, dass Jesus Wort gehalten hat, dass er die Wahrheit gesagt hat. Dieses Wunder bewegt seine Lebenswelt. Ab jetzt sind sie Jesus-Leute. Sie vertrauen ihm. Sie wollen mehr von ihm hören. Wenn Jesus künftig nach Kapernaum kommt, dann werden sie dabei sein und auf ihn hören, wenn er redet in der Synagoge. Wenn er weiterzieht, werden sie seine Worte behalten und aufschreiben und weitersagen. Denn sie wissen: Seine Worte sind Wunderworte.

Gott tut heute noch Wunder

Wer Jesus vertraut, kann Wunder erleben. Das gilt heute wie damals. So ging das auch meinem Kollegen und Freund. Eine gute Woche später ruft er mich an. Er kann sprechen. Nach einem Schlaganfall ist das alles andere als selbstverständlich. Er berichtet davon, wie er aufgewacht ist, zum ersten Mal aufgestanden ist und sogar Treppen gegangen ist. Er erzählt von den kleinen Dingen des Alltags, den vermeintlichen Selbstverständlichkeiten, die doch alles andere als selbstverständlich sind. Er kann gehen. Er hat alle Sinne beieinander. Er kann alles wieder verstehen. Er sieht und hört und fühlt. Er fühlt seinen ganzen Körper und kann alle Gliedmaßen bewegen. Augen, Zunge und Lippen, Zehen und Finger, Hände und Füße – alle tun sie ihren Dienst. Wenn das kein Wunder ist – was ist es dann?

Natürlich können wir fragen und klagen: Warum musste ein Schlaganfall passieren? Hätte Gott das nicht auch verhindern kön-

Wer Jesus vertraut, kann Wunder erleben.

nen? Warum muss all das Leid überhaupt sein? – Die Bibel zeigt uns, und wir erfahren es auf dem Weg des Glaubens: *Gott löst diese Welt und all das Leid und Elend nicht auf, aber er kommt hinein und geht mit uns hindurch.* Und er hat ein Ziel für diese Welt und für unser Leben: Er will, dass wir immer bei ihm sind, heute schon und in Ewigkeit. Dazu ist Jesus in diese Welt gekommen. Dazu ist er da. Dazu redet er mit uns. Und dann erleben wir auch in schweren Zeiten, wie er bei uns ist und trägt. Schon mehrere Christen haben mir erzählt, wie sie in der Röhre der Computertomografie oder auf dem OP-Tisch vor der Narkose tief geborgen waren und sich an Wunderworte der Bibel erinnerten wie etwa Psalm 23. Dabei meinen wir oft, *wir* behielten die Worte in unserem Gedächtnis, aber dann erfahren wir: Diese Worte halten *uns*.

Der Herr ist mein Hirte,
mir wird nichts mangeln.
Er weidet mich auf einer grünen Aue
und führet mich zum frischen Wasser.
Er erquicket meine Seele.
Er führet mich auf rechter Straße um seines Namens willen.
Und ob ich schon wanderte im finstern Tal,
fürchte ich kein Unglück;
denn du bist bei mir,
dein Stecken und Stab trösten mich.
Du bereitest vor mir einen Tisch
im Angesicht meiner Feinde.
Du salbest mein Haupt mit Öl
und schenkest mir voll ein.
Gutes und Barmherzigkeit werden mir folgen
mein Leben lang,
und ich werde bleiben im Hause des Herrn immerdar.

Psalm 23

DEINE WORTE HALTEN MICH

Deine Worte halten mich,
    wenn ich den Halt verlier.
Deine Worte helfen mir,
    wenn mir die Hilfe fehlt.
Deine Worte heilen mich,
    wenn Wunden tief in mir
auf ein Wunder hoffen durch
    ein Wunderwort von dir.

WUNDER 3:
WENN EIN GELÄHMTER TANZEN LERNT

oder:

Warum wir letztlich doch nicht allein sind

Danach ging Jesus zu einem der jüdischen Feste nach Jerusalem hinauf. Innerhalb der Stadtmauern, in der Nähe des Schaftores, befindet sich ein Teich mit fünf Säulenhallen, der auf Hebräisch Bethesda genannt wird. Scharen von kranken Menschen – Blinde, Gelähmte oder Verkrüppelte – lagen in den Hallen. Einer der Männer, die dort lagen, war seit achtunddreißig Jahren krank. Als Jesus ihn sah und erfuhr, wie lange er schon krank war, fragte er ihn: »Willst du gesund werden?« »Herr, ich kann nicht«, sagte der Kranke, »denn ich habe niemanden, der mich in den Teich trägt, wenn sich das Wasser bewegt. Während ich noch versuche hinzugelangen, steigt immer schon ein anderer vor mir hinein.« Jesus sagt zu ihm: »Steh auf, nimm deine Matte und geh!« Im selben Augenblick war der Mann geheilt! Er rollte die Matte zusammen und begann umherzugehen. Doch dies geschah an einem Sabbat, und das wollten die führenden Männer des jüdischen Volkes nicht dulden. Sie sagten zu dem Mann, der geheilt worden war: »Du darfst am Sabbat nicht arbeiten! Es ist gegen das Gesetz, diese Matte herumzutragen!« Er entgegnete: »Der Mann, der mich geheilt hat, sagte zu mir: ›Nimm deine Matte und geh!‹« »Wer ist dieser Mann, der das zu dir gesagt hat?«, fragten sie. Der geheilte Mann wusste es aber nicht, denn Jesus war in der Menge verschwunden. Später traf Jesus den Mann im Tempel wieder und sagte zu ihm: »Du bist jetzt gesund. Nun höre auf zu sündigen, damit dir nicht noch etwas Schlimmeres widerfährt.« Danach suchte der Mann die führenden Juden wieder auf und berichtete ihnen, dass es Jesus war, der ihn geheilt hatte. Von da an verfolgten die führenden Juden Jesus, weil er dies an einem Sabbat getan hatte.

Johannes 5,1-16

Lassen Sie uns für einen Moment in ein deutsches Wohnzimmer blicken. Samstagabend. Die Familie sitzt vor dem Fernseher. Es kommt Fußball. Früher kam »Wetten, dass ..?« oder sonst eine Straßenfegershow, aber das sind Erlebnisse aus einem anderen Medienzeitalter. Dennoch, ganz, ganz selten kommt das noch vor: Eine Gruppe von Menschen sitzt vor der Mattscheibe und starrt auf den Bildschirm. – Haben Sie schon mal eine solche Familie beim Fernsehen beobachtet? Von vorne, meine ich.

Es gibt ja kaum einen trostloseren Anblick als das! Vater, Mutter, Kind sitzen vor der Kiste. Chips, Cola und Bier auf dem Tisch. Ihre Gesichter schimmern bläulich bis grünlich. Alle sehen sie völlig apathisch aus, blicken teilnahmslos ins Leere. Alle haben die Mundwinkel nach unten, die Gesichtsmuskeln sind im Tiefschlaf, und das Gehirn ist auf Stand-by.

Was richtig krass ist: Der Durchschnittsbürger in Deutschland sitzt 193 Minuten pro Tag vor dem Fernseher. Das sind 3 Stunden und 13 Minuten. Je nach Studie schwanken die Zahlen etwas, aber wenn man das hochrechnet auf ein Lebensalter von 75 Jahren, dann heißt das: Wir verbringen über zehn Jahre unseres Lebens vor der Kiste, oft in einer Starre, die uns völlig leblos aussehen lässt!

Ich finde, es gibt kein treffenderes Bild für das Alleinsein. Millionen sehen sich eine Fernsehsendung an. Aber jeder tut es für sich. Vielleicht sitzen wir sogar nebeneinander auf dem Sofa. Aber jeder und jede ist allein mit sich und seiner bzw. ihrer Fernsehwelt. Auf den ersten Blick sind wir zusammen, eine Art Fernsehgemeinde. Wir sitzen gemeinsam da, wir teilen das Wohnzimmer und die Chipstüte, und doch bleibt jeder für sich allein.

Kann es sein, dass wir gemeinsam einsam sind?

Johannes erzählt uns auch von einem Mann, der im Grunde allein war (Johannes 5,1-18). 38 Jahre lang ist er schon krank. Eine unglaublich lange Zeit. Wir jammern ja schon, wenn uns eine Grippe mal zehn Tage flachlegt – das ist dann schon richtig heftig. Aber dieser Mensch ist seit 38 Jahren krank, damals mehr als ein halbes Menschenleben lang.

Es ist ungewöhnlich, dass in den Evangelien das Alter eines Menschen genannt wird, der Jesus begegnet. Eigentlich erfahren wir das nie, außer eben an dieser Stelle. Johannes verweist damit auch auf die Zeit der Wüste, durch die das Volk Israel Jahrhunderte zuvor einst wanderte, bevor es in das Gelobte Land einziehen durfte (vergleiche 5. Mose 2,14): Für die ersten Leser dieses Textes, bei denen diese alten Geschichten präsent waren, klingen also 38 Jahre Wüstenwanderung an. Dieser kranke Mann am Teich Bethesda erlebte sein ganzes Leben als Wüstenzeit. Ob jetzt die Begegnung mit Jesus für ihn so etwas wird wie der Einzug ins Gelobte Land?

Zunächst einmal müssen wir wissen: Diesen Mann trifft Jesus in Jerusalem. Von Kana in Galiläa ist er irgendwann wieder aufgebrochen und zu einem der jüdischen Feste nach Jerusalem gekommen wie viele andere Pilger auch. Es ist ein langer, mehrtägiger Weg. Jesus ist ihn öfter gegangen vom galiläischen Bergland an den See Genezareth, dann am Jordan entlang und von Jericho aus über 1 000 Höhenmeter hinauf nach Jerusalem.

Ein Teich so groß wie ein Fußballfeld

Dort begegnet er in der Nähe eines Stadttors jenem kranken Mann an einem Teich. Wenn wir »Teich« hören, dürfen wir aber nicht an einen Tümpel mit ein paar Seerosen und Goldfischen denken, wie wir ihn aus mitteleuropäischen Gärten oder Parkanlagen kennen. Der Teich Bethesda ist eine imposante Anlage. Man hat ihn erst in den 30er-Jahren des vergangenen Jahrhunderts nördlich des Tempels wiederentdeckt und ausgegraben: einen Doppelteich mit über

5000 m² Oberfläche, das entspricht etwa einem Fußballfeld. Vier
Hallen umgaben diese Teichanlage, und mittendrin, auf einer über
sechs Meter breiten Mauer, die den Nordteich und den Südteich
voneinander trennte, stand die fünfte Halle. In diesen Bauten lagen
viele kranke Menschen. Es war eine Art Getto, Lazarett, ein offenes
Krankenhaus. Die Teiche waren 13 Meter tief, also viel tiefer als
jedes normale Schwimmbad, das wir kennen.

Was dort genau geschieht, wissen wir nicht. Jedenfalls hoffen
Kranke dort auf ein Wunder. Immer, wenn das Wasser sich bewegt,
springen sie hinein und hoffen, gesund zu werden. Ein Engel fahre
herab und berühre das Wasser, glauben sie. Und der Erste, der dann
hineinsteigt, werde gesund – das ist ihre letzte Hoffnung, dieser
Wunderteich in Jerusalem.

Nur, dieser Mann hat ein Problem: Er ist gelähmt. Er kann sich
nicht bewegen. Und er hat keinen Menschen, der ihm helfen würde.
Er sagt es zu Jesus: »Herr, ich habe niemanden …« Wörtlich steht
im griechischen Originaltext: »Einen Menschen hab ich nicht …« –
Was für eine Tragik: Immer, wenn das Wasser sich bewegt, ist er
zu langsam. Er schafft es nie ins Wunderbecken. Er ist unter vielen Kranken allein. So, wie sie daliegen, sind sie gemeinsam einsam.

Bitter: Wer nicht mehr kann, ist draußen

Das ist ohnehin eine der schwerwiegendsten Begleiterscheinungen
von Krankheiten: Sie machen uns einsam. Wer krank ist, kann häufig nicht mehr am gesellschaftlichen Leben teilnehmen. Natürlich
hängt das jeweils von der Art der Krankheit ab, aber klar ist: Wer
keinen Sport mehr treiben kann, geht auch nicht mehr in den Ver-
ein. Wer nicht mehr arbeiten kann, trifft keine Kollegen mehr. Wer
nicht mehr kann, ist einfach draußen. Du nimmst plötzlich nicht

mehr teil am Leben. Das ist neben den Schmerzen und den vielleicht schwierigen medizinischen Aussichten wirklich bitter.

Aber selbst ohne Krankheit: Ist das nicht auch eine Beschreibung für unsere Gesellschaft und unser Leben insgesamt? Denken Sie doch einmal an die Gemeinschaften, in denen Sie leben, zum Beispiel Ihre Arbeitsgemeinschaften: im Büro oder in der Werkstatt oder wo auch immer. Haben Sie eine gute Beziehung zu Ihren Kollegen? Wie ist das, wie viele Beziehungen gehen wir denn nur deshalb ein, weil wir uns einen persönlichen Nutzen davon versprechen? Beziehungen sind ja gut für den Job. Es kommt darauf an, dass du gut vernetzt bist. Was wird nicht alles geheuchelt, gefoppt und gemobbt in unseren Firmen!

Und umgekehrt spüren wir das doch auch: Wenn jemand nur freundlich zu mir ist, weil er oder sie sich einen Vorteil verspricht. Echte Beziehungen sehen anders aus. – Es gibt zu viele Speichellecker unter uns, zu viele Schleimer und Nach-dem-Mund-Redende. Wir sind ein Land von Egoisten. Wir haben viele Einzelkämpfer und Für-sich-Kämpfer, aber kaum echte Teamplayer. Die Folge ist: Wir sind allein, gemeinsam einsam. – Übrigens, je weiter wir die Karriereleiter hinaufsteigen, desto mehr ist das so. An der Spitze wird es einsam. Wenn Sie Chef oder Leiter von irgendeinem Betrieb sind, kennen Sie das. Niemand ist so einsam wie die Menschen ganz oben. Und auf Dauer ist es nie gut, wenn die wirklich verantwortlichen Entscheider einsame Entscheidungen treffen.

Die große Frage und die große Furcht

Aber das gilt nicht nur für die Berufswelt, sondern auch in Ihrer unmittelbaren Lebenswelt. Denken Sie doch mal an Ihre Hausgemeinschaft: Kennen Sie alle Ihre Nachbarn? Und wenn ja, wie gut kennen Sie sie? Ist es wirklich eine Gemeinschaft in Ihrem Haus oder in Ihrer Straße, oder sind Sie gemeinsam einsam? – Ich weiß, da gibt es Unterschiede zwischen Stadt und Land und auch zwischen Stadtteilen. Aber wie ist es bei Ihnen?

Und wie ist das in Ihrer Familie? Wie eng leben Sie zusammen mit Ihren Eltern, Ihren Kindern, Ihren Geschwistern? Oder Ihre Freundschaften: Was wissen Sie wirklich voneinander? Leben Sie wirklich eine Gemeinschaft oder sind Sie gemeinsam einsam?

Am schärfsten trifft die Frage wohl unsere Ehen und Partnerschaften. Wie nahe stehen wir uns eigentlich noch? Haben wir uns auseinandergelebt? Haben wir eine gemeinsame Tiefe, teilen wir miteinander, was uns im Innersten bewegt, oder ist das Zusammenleben längst oberflächlich geworden? Gemeinsam einsam? – Das ist die große Frage. Und es ist die große Furcht: Wenn's drauf ankommt, bin ich allein.

Mein Beziehungscheck

Welche Menschen stehen Ihnen wirklich nahe?

Wer ist für Sie da?

Für wen sind Sie da?

Wen lieben Sie von Herzen?

Und wer liebt Sie?

Für wen wären Sie bereit, alles zu geben?

Wer bedeutet Ihnen wirklich viel?

Wann hatten Sie zuletzt Kontakt mit diesem Menschen?

Wie viel Zeit verbringen Sie mit den Menschen, die Ihnen wirklich wichtig sind?

Wenn Sie das bedenken: Was sollten Sie ändern in Ihrem Zeitmanagement?

Mit wem sollten Sie mehr Zeit verbringen – und mit wem weniger?

Wer lacht mit Ihnen und wer weint mit Ihnen?

Wer hat nicht nur Mitleid mit Ihnen, wenn es Ihnen schlecht geht, sondern leidet mit?

Wen können Sie nachts um drei anrufen, wenn es brennt?

Wer steht zu Ihnen, auch wenn es eng wird?

Wer fragt nicht lange und ist einfach da?

Wer würde wohl zu Ihrer Beerdigung kommen, wenn diese nächste Woche wäre?

Der einsamste Junge der Welt

Max ist neun Jahre alt. Ein Schuljunge, dritte Klasse. Und wie das so ist: Er ist »der Doofe«. In jeder Schulklasse gibt es den einen oder die eine, die gehänselt und gemobbt wird, ausgegrenzt und ausgelacht. Kinder können grausam sein. Gnadenlos. Aber nicht nur Kinder. In jeder Klasse gibt es das, in jeder Gruppe, in jedem Team – immer wieder wird der eine auserkoren, über den die anderen herziehen und sich lustig machen. Einer muss dazu dienen, dass die anderen ihren Frust ablassen können, ihre Minderwertigkeitsgefühle auf einen anderen abladen und ihren Spaß haben. So einer ist Max.

Eines Tages, gleich nach Schulschluss, schubsen sie ihn hin und her. Max läuft weg, aber sie jagen ihm nach. Einer stellt ihm den Fuß. Max stolpert und fällt hin. Dabei öffnet sich sein Schulranzen. Die Schulhefte rutschen heraus. Es ist nass auf dem Gehweg und dreckig; kurz zuvor hat es geregnet. Sein Mäppchen liegt in einer Pfütze. Die anderen stehen um ihn herum und johlen vergnügt. Einer drückt ihn mit seinem Fuß zurück auf den Boden, als Max sich gerade aufrappeln will. Ein anderer kickt gegen den Schulranzen, der im hohen Bogen davonfliegt, sodass alles kreuz und quer im Dreck liegt. Dann laufen sie grölend davon. Zurück bleibt der kleine Max. Wütend. Traurig. Verletzt. Einsam. Er kann nur noch heulen und schreien. Kein Mensch auf der Welt ist in diesem Moment so einsam wie Max.

> Wenn es drauf ankommt, wenn's wirklich drauf ankommt – dann bin ich allein!

Und da ist sie wieder, die bittere Erkenntnis: Wenn es drauf ankommt, wenn's wirklich drauf ankommt – dann bin ich allein!

Kreuzwege unseres Lebens

Aber nicht nur Kindern geht es so. Das Alleinsein geht weiter. In
der Schule, in der Ausbildung, im Studium, im Betrieb: Eine Prüfung folgt auf die andere. Natürlich sitzen wir im Klassenzimmer, im
Studienzimmer oder im Büro mit anderen zusammen. Und wenn es
gut geht, lernen wir auch zusammen und bereiten uns gemeinsam
vor. Aber die Prüfung muss ich ganz alleine schreiben. Das Vorstel-
lungsgespräch muss ich ganz allein durchstehen. Für die Note bin
ich allein verantwortlich.

Und wenn uns dann die Gesundheit verlässt, wenn wir krank
werden, richtig krank, dann merken wir noch einmal viel tiefer, was
das bedeutet: allein sein. Ja, ich liege nicht allein im Krankenzim-
mer. Ich bekomme sogar Besuch im Krankenhaus. Ich habe sogar
Menschen, die an mich denken und mich grüßen und mir das Beste
wünschen. Aber die Krankheit, die habe ich ganz allein. Der Krebs
lässt sich nicht teilen. Und die Schmerzen, die habe auch ich ganz
allein, da hilft alles Mitgefühl nichts, und Mitleid schon gar nicht.
Und wenn die Operation kommt, dann muss ich ganz allein durch,
ich ganz allein.

Reinhard Mey, der bekannte Liedermacher, bringt es in einem
seiner Lieder auf den Punkt: Wir sind allein, singt er: »Wir kommen und wir gehen ganz allein. Wir mögen noch so sehr geliebt,
von Zuneigung umgeben sein: Die Kreuzwege des Lebens geh'n wir
immer ganz allein.«[1] Hinter diesen Zeilen mögen bittere Erfahrungen stecken. Solange es uns gut geht, solange wir Erfolg haben und
das Leben in vollen Zügen genießen können, so lange haben wir
vielleicht viele Freunde um uns herum. Aber sobald es eng wird

und dunkler, sobald die Wege von den Höhen des Lebens in die Tiefe führen, sobald es abwärts geht, wird es einsamer. Reinhard Mey erwähnt auch Gefährten, die ihn begleitet haben. Aber dann denkt er enttäuscht zurück: »Je teurer der Gefährte, desto bitterer der Schluss, dass ich den letzten Schritt des Wegs allein gehen muss. Wie sehr wir uns auch aneinander klammern, uns bleibt nur die gleiche leere Bank auf einem kalten leeren Flur.«[2]

Bleibt am Ende wirklich nur der kalte, leere Flur? Wie halten wir das aus? Und ist das wirklich unsere einzige letzte Aussicht: in alle Ewigkeit mutterseelenallein?

Verlassen von der Welt und von Gott?

Der Kranke am Teich Bethesda erlebt genau das bitter: Wenn es wirklich drauf ankommt, ist er allein. Mehr noch: Er ist total einsam. Er ist völlig verlassen. Verlassen von Gott und der Welt. Kein Mensch, der ihm geholfen hätte. Und wenn dort denn wirklich Wunder geschehen an diesem Teich, wenn wirklich ein Engel Gottes gelegentlich einen gesund macht, der zuerst das Wasser berührt, dann ist er auch von Gott verlassen. Denn dann wird er das Wunder nie erleben. Er ist immer der Letzte. Er ist immer der Doofe. Er ist einer wie Max. Nicht nur gelähmt, sondern auch ausgegrenzt und ohne Chance. So verlassen zu sein, ist vielleicht das Schlimmste, was wir Menschen erleben können. Denn wir sehnen uns nach Beziehungen. Wir sind auf Beziehung angelegt. So verlassen zu sein, das bedeutet eigentlich schon, tot zu sein.

Jesus kommt in die Verlassenheit dieses Mannes hinein. Das ist typisch für ihn. Das ist seine Aufgabe, sein Anliegen, sein Auftrag.

Das erste Wunder, das dieser Mann aber erlebt, ist, dass Jesus zu ihm kommt. Er bekommt Besuch. Er hat zum ersten Mal in seinem

Leben einen Menschen vor sich, der ihn anspricht, der ein echtes Interesse an ihm hat und der nicht gleich wieder weitergeht. Jesus kommt in die Verlassenheit dieses Mannes hinein. Das ist typisch für ihn. Das ist seine Aufgabe, sein Anliegen, sein Auftrag. Er spricht ihn an:

»Willst du gesund werden?«

Was für eine Frage! Jesus fragt den Menschen nach seiner Sehnsucht, seinem Lebenswunsch schlechthin, der so unerreichbar scheint, dass er zu wünschen längst aufgehört hat. Die Hoffnung ist gestorben in ihm. Bis er selbst vollends stirbt, ist nur eine Frage der Zeit. Aber Jesus weckt die innerste Sehnsucht nach Leben. Er stößt eine Tür in seiner Seele auf. Etwas, von dem er gar nicht mehr wusste, dass es da ist. Zunächst zögert er und verweist auf das Äußerliche, indem er ebendiesen Satz sagt, der seine Tragödie auf den Punkt bringt:

»Ich habe keinen Menschen, der mich in den Teich bringt, wenn das Wasser sich bewegt. Und wenn ich dann endlich da bin, ist ein anderer längst vor mir hineingestiegen.«

Dann sagt Jesus das Wort, das diesen Mann zum Laufen bringt:

»Steh auf, nimm dein Bett und geh!«

Genau das tut er. Am Sabbat, also am wöchentlichen Feier- und Ruhetag der Juden. Er steht auf, nimmt sein Bett – seine Matte – und geht umher. Er kann gar nicht aufhören zu gehen. Er geht. Er springt. Er tanzt. Was für ein Wunder! Und wieder ist es nur durch ein Wort geschehen. Er hat einfach das getan, was Jesus gesagt hat. Er kann es tun, weil er diesem Wort vertraut, sich ganz darauf verlässt und weil dieses Wort offensichtlich eine solche Kraft hat.

Wie kann Jesus uns heute begegnen?

Jesus redet auch noch heute. Vielleicht fragen Sie jetzt: Wie ist das denn überhaupt möglich? Wie kann denn Jesus mir begegnen und womöglich in meine Verlassenheit kommen? – So wie damals spaziert er jedenfalls nicht mal zufällig bei uns vorbei.

Meine Antwort: Jesus kann heute noch bei uns sein, weil er die tiefste Verlassenheit, die es gibt, durchlitten und durchschritten hat – den Tod. Genau das macht ihn so einzigartig. Und genau darum bewegen seine Wunder heute noch die Welt. Seine Geschichte ist nicht nur Vergangenheit. Sie ist Gegenwart, und sie soll die Zukunft unseres Lebens werden.

> Jesus' Geschichte ist nicht nur Vergangenheit. Sie ist Gegenwart, und sie soll die Zukunft unseres Lebens werden.

Wir glauben nicht an einen Gott, der weit weg im Himmel wohnt, fernab von dieser Welt irgendwo auf Wolke sieben. Nein, ich schreibe Ihnen von dem Gott, der den Himmel verlassen hat, der auf diese Erde heruntergekommen ist, Mensch geworden ist wie wir, hier gelebt und gelitten hat, allein war wie wir, einsam und verlassen.

Das ist Jesus Christus, der Sohn Gottes. In einem stinkenden Stall in Bethlehem ist er geboren. Da ist er in den Dreck dieser Welt hineingekommen. Hier hat er gelebt und hat nur Gutes getan. Aber die Welt konnte ihn nicht ertragen, den, der nur Gutes getan und Kranke geheilt hat. Deshalb haben sie ihm nachgestellt, haben ihn verfolgt und ihn gefangen genommen. Einen schmutzigen Prozess haben sie ihm gemacht. Und dann haben sie ihn genommen, den Sohn Gottes, und ans Kreuz geschlagen. Verspottet, verlacht, verhöhnt, so haben sie ihn hingerichtet. Verachtet von allen.

Auf den Kreuzwegen des Lebens begleitet und behütet

Und als er da am Kreuz gehangen hat, wenige Momente vor seinem Tod – wissen Sie, was er da mit letzter Kraft hinausgeschrien hat?

»Mein Gott, mein Gott, warum hast du mich verlassen?!«

Jesus weiß, was es bedeutet, verlassen zu sein. Er hat das erlebt, die tiefste Verlassenheit, die letzte Beziehungslosigkeit, das totale Alleinsein, den Tod. Dafür steht das Kreuz. Da ist er gestorben und nach drei Tagen auferstanden. Und deshalb sind wir auf unseren Kreuzwegen nicht mehr allein. Sein Kreuzweg hat schon am Teich Bethesda begonnen. Bald nach diesem Wunder werden sie ihn verfolgen. Jerusalem, der Ort dieses Wunders, ist zugleich der Ort seines Todes.

Darum hat Reinhard Mey letztlich doch nicht recht: Die Kreuzwege des Lebens müssen wir nicht allein gehen. Jesus geht sie mit. Wir sind nicht allein. Kein Mensch kann uns so nahe sein wie er. Nur er, der Sohn Gottes, kann es und ist es. – Nein, beweisen kann ich Ihnen das nicht, aber Sie können es wie viele andere Menschen erfahren.

Kein Religionsstifter dieser Welt geht mit uns durchs Leben und durchs Sterben. Darum ist der christliche Glaube auch nicht eine besondere Philosophie oder eine Weltanschauung wie viele andere, nicht nur eine Denkweise, sondern eine *Lebens*weise, eine *Lebens*art. Glauben heißt: Jesu Hand zu ergreifen, sich auf sein Wort zu verlassen und mit ihm durchs Leben zu gehen.

Warum redet Jesus plötzlich von Sünde?

Ohne dieses Vertrauen fehlt uns die Gemeinschaft, die trägt, wenn es drauf ankommt. Ohne Jesus bleiben wir allein. – Es ist interessant: Jesus begegnet dem geheilten Mann bald darauf noch ein zweites Mal. Das geschieht im Tempel in Jerusalem. Dort sagt er ihm einen merkwürdigen Satz:

»Sündige ab jetzt nicht mehr, dass dir nicht noch etwas Schlimmeres widerfährt!«

Eigenartig! Warum sagt Jesus das? Ist das eine Drohung? Warum redet Jesus plötzlich von Sünde? – Wissen Sie, Sünde hat mit dem Alleinsein zu tun. Denn Sünde heißt: Eine Beziehung ist zerstört. Gemeinschaft ist zerbrochen. Man kann unter anderen Menschen sein, äußerlich zusammenleben, und doch ist die Beziehung kaputt. Das bedeutet eigentlich Sünde: eine fehlende Gemeinschaft. Sünde ist der Zustand, in dem wir gemeinsam einsam sind. Deshalb sagt Jesus: »Sündige nicht mehr, denn das macht dich einsam. Suche vielmehr Gemeinschaft mit Gott. Frage nach seinem Wort. Denn Sünde trennt dich von anderen Menschen, und sie trennt dich von Gott. Die Folge ist: Du bist allein.«

Uns geht es genauso: Wir erleben das Alleinsein. Wir erleiden es. Aber in uns tragen wir eine tiefe Sehnsucht nach echter Gemeinschaft. Aus tiefsten Herzen sehnen wir uns nach einer Beziehung, die unser Alleinsein überwindet. Wir sehnen uns nach einer Gemeinschaft, die unsere Einsamkeit überwindet. Wir brauchen einen Partner, der unsere Verlassenheit durchbricht, uns versteht und dem wir vertrauen.

Partner: Mitspieler oder Teilhaber?

»Partner gesucht« – das steht nicht nur über Partnerschaftsanzeigen in der Zeitung und auf einschlägigen Seiten im Internet. Es steht letztlich über unserem Leben: Wir suchen einen echten Partner. – Es ist ja ganz interessant: Wenn Sie ein Lexikon aufschlagen und suchen, was »Partner« bedeutet, dann finden Sie da vor allem zwei Bedeutungen: Mitspieler und Teilhaber.

Ein Partner ist erstens ein Mitspieler. Solche Partner finden wir meistens schnell: Mitspieler zum Tennis, zum Schach, zu Spielen aller Art. Auch im Spiel des Lebens finden wir Mitspieler: für die langweiligen bis spannenden Spiele, aber auch für die abenteuerlichen und gefährlichen. Für Geschäfte, für kurze Partnerschaften, für ein bisschen Unterhaltung. Mitspieler finden wir.

Aber wie ist das mit Teilhabern? Finden wir auch Teilhaber? Wer nimmt an meinem Leben wirklich teil? Und wer gibt mir Anteil an seinem Leben? Wer freut sich ehrlich und aufrichtig mit mir, ohne Neid und Missgunst und ohne Hintergedanken? Wer leidet mit mir, wenn's mir schlecht geht? Wer versteht mich? Wem kann ich voll und ganz vertrauen? Auf wen kann ich mich verlassen? – Da wären wir wieder bei den Fragen unseres Beziehungschecks von oben. Darf ich Sie an dieser Stelle einfach mal fragen: Haben Sie solche Partner, nicht nur Mitspieler, sondern Teilhaber Ihres Lebens? – Ich wünsche es Ihnen sehr. Wohl dem, der solche Menschen hat, Teilhaber, echte Lebens-Partner!

Aber letztlich sind wir Menschen *begrenzt* in unserer Teilhabe. In den entscheidenden Lebenssituationen können wir nicht an die Stelle des anderen treten. Letztlich sind wir allein und müssen uns irgendwann gegenseitig alleinlassen. Es gibt nur einen, der *ganz* an unserem Leben teilhat und *ganz* für uns eintritt: Dieser Partner ist Jesus Christus.

Er teilt mein Leben mit mir: gute Zeiten, schlechte Zeiten. Er ist bei mir im Lachen und im Weinen. Er geht mit durch Hochs und Tiefs. Er nimmt mein Leben als seines und gibt seines für mich. Am Kreuz hat er alles gegeben für mich, sich selbst. So überwindet er meine »Sünde«, meine Trennung von Gott. Und an Ostern hat er alles gewonnen für mich: ewiges Leben! Er ist ja nicht im Tod geblieben. Er ist auferstanden und lebt. Ich habe Anteil an seinem Leben. – Das ist letztlich unbegreiflich, aber schlicht wunderbar.

AN UNSERER SEITE

Gott gibt uns Menschen an die Seite, die uns begleiten.
Wir sind nicht allein.
Es gibt Menschen, die für uns beten,
ohne dass wir es wissen.
Es gibt viele, von denen wir Gutes gelernt haben.
Und es gibt einige wenige, die uns von Herzen lieben.

Gott tritt selbst an unsere Seite, um uns zu begleiten.
Wir sind nicht allein.
Er wird Mensch, um für uns da zu sein.
Er zeigt uns den Weg zum Leben.
Und er liebt uns nach Hause.

Von allen Seiten
sind wir
umgeben, behütet und gesegnet.

(Vergleiche Psalm 139,5)

WUNDER 4:
WENN EIN VESPER 5000 SATT MACHT

oder:

Warum unser Leben aus lauter Wundern besteht

Danach fuhr Jesus weg über das Galiläische Meer, das auch See von
Tiberias heißt. Und es zog ihm viel Volk nach, weil sie die Zeichen
sahen, die er an den Kranken tat. Jesus aber ging auf einen Berg und
setzte sich dort mit seinen Jüngern. Es war aber kurz vor dem Passa,
dem Fest der Juden. Da hob Jesus seine Augen auf und sieht, dass viel
Volk zu ihm kommt, und spricht zu Philippus: Wo kaufen wir Brot,
damit diese zu essen haben? Das sagte er aber, um ihn zu prüfen;
denn er wusste wohl, was er tun wollte. Philippus antwortete ihm:
Für zweihundert Silbergroschen Brot ist nicht genug für sie, dass jeder
ein wenig bekomme. Spricht zu ihm einer seiner Jünger, Andreas, der
Bruder des Simon Petrus: Es ist ein Kind hier, das hat fünf Gersten-
brote und zwei Fische; aber was ist das für so viele? Jesus aber sprach:
Lasst die Leute sich lagern. Es war aber viel Gras an dem Ort. Da lager-
ten sich etwa fünftausend Männer. Jesus aber nahm die Brote, dankte
und gab sie denen, die sich gelagert hatten; desgleichen auch von den
Fischen, soviel sie wollten. Als sie aber satt waren, sprach er zu seinen
Jüngern: Sammelt die übrigen Brocken, damit nichts umkommt. Da
sammelten sie und füllten von den fünf Gerstenbroten zwölf Körbe
mit Brocken, die denen übrig blieben, die gespeist worden waren. Als
nun die Menschen das Zeichen sahen, das Jesus tat, sprachen sie:
Das ist wahrlich der Prophet, der in die Welt kommen soll. Als Jesus
nun merkte, dass sie kommen würden und ihn ergreifen, um ihn zum
König zu machen, entwich er wieder auf den Berg, er selbst allein.

Johannes 6,1-15

Der alte Herodot war ein Geschichtsschreiber; er gilt sogar als »Vater
der Geschichtsschreibung«. Zugleich war der aus Kleinasien stam-
mende Gelehrte Geograf und Völkerkundler. Er war viel auf Reisen
und erkundete die Welt – bis nach Babylon reiste er, nach Thrakien
und nach Ägypten. Aufgeschrieben hat er seine Erkenntnisse um das
Jahr 450 vor Christus – und es war dieser Herodot, der wohl zum
ersten Mal von »Weltwundern« sprach.

»Die sieben Weltwunder«

Herodot hatte Augen für das Wunderbare in dieser Welt. Etwa 300 Jahre später war es Antipatros von Sidon, ein Schriftsteller und Dichter, der an Herodot anknüpfte und in einem griechischen Reiseführer eine Liste von sieben Weltwundern veröffentlichte. Dabei beschrieb er die aus seiner Sicht eindrücklichsten Bauwerke seiner Zeit: die hängenden Gärten der Semiramis in Babylon, den Koloss von Rhodos, das Grab des Königs Mausolos II., den Leuchtturm auf der Insel Pharos vor Alexandria, natürlich die Pyramiden von Gizeh, den Tempel der Artemis in Ephesus und die Zeusstatue des Phidias von Olympia. Allesamt verkörpern sie Prunk und Pracht der damaligen Zeit, sind architektonische Meisterwerke, kulturelle Höchstleistungen. – Diese Liste wurde immer wieder verändert und nach den Maßstäben der jeweiligen Zeit angepasst. Manche zählen die Golden Gate Bridge in San Francisco zu den Weltwundern der Moderne, die Chinesische Mauer, das Taj Mahal in Indien, andere auch den Eurotunnel unter dem Ärmelkanal oder die höchsten Wolkenkratzer dieser Erde wie den »Burj Kalifa« oder den »Taipei 101«. Neben den von Menschen geschaffenen Wunderbauten werden die großen Naturwunder beschrieben wie der Amazonas, der Grand Canyon oder das Great Barrier Reef vor Australien. So sehr sich die Wertungen und Listen unterscheiden – seit Jahrtausenden haben die Menschen einen Sinn für das Großartige und Spektakuläre, für die Weltrekorde und Weltwunder. So unterschiedlich die beschriebenen Wunder sind – sie alle lassen uns staunen, lösen Begeisterung und Bewunderung aus. Aber es gibt noch andere, weniger aufsehenerregende Wunder.

»Es gibt so viele Wunder« – eine kleine Geschichte

Dazu eine kleine Geschichte, die sich so vielleicht nie zugetragen hat – und doch macht sie etwas ganz Wertvolles auf eindrückliche Weise deutlich:

In einer Schulklasse schrieben die Schülerinnen und Schüler einen kurzen Aufsatz. Sie sollten die sieben Weltwunder aufschreiben und beschreiben. Alle arbeiteten eifrig und hielten fest, was ihnen einfiel. Sie schrieben von den Pyramiden, vom Taj Mahal, vom Petersdom in Rom und der schier unendlich langen Mauer in China, von Rekordhochhäusern, von großen Flüssen und Wasserfällen. Nach einiger Zeit gab die Lehrerin das Zeichen, die Arbeit zu beenden. Ein Mädchen aber schrieb weiter, unaufhaltsam, sie konnte einfach kein Ende finden. »Es gibt so viele Wunder«, sagte sie leise. Erst nach mehrmaligen Aufforderungen der Lehrerin legte sie den Stift beiseite. Die Lehrerin sammelte die Arbeiten der Schüler ein, aber das Mädchen, das so lange geschrieben hatte, bat sie, doch gleich einmal etwas aus ihrer Arbeit vorzulesen.

»Ich konnte mich nicht recht entscheiden. So vieles ist so wunderbar …«, sagte sie zögernd.

Die Lehrerin ermunterte sie: »Dann lies doch einmal, was du geschrieben hast. Vielleicht können wir dir zusammen helfen …«

Dann begann das Mädchen: »Für mich sind das sieben Weltwunder: Zuerst das Sehen. Ist es nicht ein Wunder, dass ich sehen kann? Die vielen Farben, Bäume, Tiere, Menschen, Gesichter. Dass ich anderen in die Augen sehen kann! Was wäre ich ohne das Sehen? – Dann das Hören. Wie wäre es, wenn wir alle einander nicht hören könnten? Wenn wir nicht wüssten, wie die Vögel zwitschern, wie die Musik klingt, wie unterschiedlich unsere Stimmen sind. Hören ist ein Wunder. – Aber auch das Berühren und Spüren, wenn wir uns die Hand geben oder wenn meine Mutter mir über die Haare streicht. Ich spüre, wie unterschiedlich ein Stein und ein Blatt sich anfühlen, die Hand meines Großvaters und die Wange meiner kleinen Schwester. Wie schön ist das Berühren. – Und natürlich auch das Riechen, die vielen Düfte der Blumen, der Geruch des Essens und der ganz eigene Geruch jedes einzelnen Menschen. Ist das nicht wunderbar? – Genauso wie das Fühlen. Dass wir etwas empfinden füreinander, dass wir einander nicht gleichgültig sind, dass wir Freude und Trauer, Wut und Hass, Zuneigung und Sympathie, Schmerz und Genuss fühlen. Unsere Herzen sind nicht aus Stein; ich finde das wunderbar. Damit habe ich schon fünf Wunder aufgeschrieben.«

Im Klassenzimmer war es ganz still geworden. Die Lehrerin und alle anderen Schüler hörten einfach nur zu. Manche hatten Tränen in den Augen, andere einen Kloß im Hals. Ein Nicken der Lehrerin genügte – und die Schülerin sprach weiter.

»Mein sechstes Wunder ist das Lachen. Zu lachen ist doch einfach wunderbar. Was wären wir, wenn wir nicht lachen könnten? Wie schallend Kinder lachen und Freunde untereinander, auch ich mit meinen Freundinnen und wir in unserer Familie, manchmal lachen wir uns kaputt. Manchmal tut mir sogar der Bauch davon weh, und manchmal weinen wir vor Lachen. Was wäre das Leben, was wäre diese Welt ohne das Lachen? Eine Welt ohne Lachen wäre die Hölle, aber jedes kleine Lächeln bringt ein Stück Himmel auf diese Erde. – Mein siebtes Wunder aber ist noch größer. Das größte aller Wunder ist, dass wir lieben können. Ich liebe meine Mutter und meinen Vater, meine Geschwister. Ich liebe es, Musik zu machen. Und ich liebe Schokolade. Lieben – das ist so wunderbar und so kostbar, aber auch so verletzlich. Vielleicht sind die schönsten Wunder auch diejenigen, die am meisten gefährdet sind ...«

Das Mädchen schaute auf. Lange blieb es noch still im Raum, ungewöhnlich lange für ein Klassenzimmer. Dann flüsterte die Lehrerin »Danke!« und nahm das Blatt des Mädchens.

Wir sind ein Wunder

Es ist nur eine kleine Geschichte, die aber etwas Großartiges deutlich macht: Unser ganz normales Leben besteht aus lauter Wundern. Unsere Sinne und unser Empfinden, all das, was uns ausmacht und was wir sind, ist wunderbar. *Wir* sind ein Wunder.

Haben Sie eigentlich noch einen Blick für die Wunder Ihres Lebens?

Dass wir unsere Sinne gebrauchen können, sehen, hören, fühlen und empfinden, dass wir nicht nur aus Materie sind, sondern leben, dass wir nicht nur einen Körper, sondern auch eine Seele haben, das macht uns Menschen aus. Und es ist die tiefe Einsicht der Bibel: Wir sind nicht nur geworden – wir sind geschaffen. Wir sind gewollt. Gott hat uns zu seinem Ebenbild gemacht. Er hat uns wunderbar geschaffen. Jeden und jede von uns als Original.

Die Massen laufen Jesus nach

Wie mit den Wundern, die wir in der Welt entdecken können, ist es auch mit den Wundern, die Jesus getan hat: Manche waren aufsehenerregend, andere fanden so im Alltäglichen statt, dass man sie um ein Haar hätte übersehen können. Vielleicht das alltäglichste und doch so spektakuläre ist das Brotwunder oder Speisungswunder. Fünftausend Menschen sind satt geworden. Es geschieht zu einer Zeit, als Jesus schon Promi-Status hat. Er ist bekannt im halben Land. Dass er Kranke heilt, hat sich längst herumgesprochen. Wer ein Zipperlein oder ein schweres Leiden hat, sucht ihn auf. Die Menschen suchen seine Nähe. Sie laufen ihm buchstäblich hinterher. Das sind keine Nachfolger im eigentlichen Sinn, also Menschen, die ganz auf Jesus vertrauen, die ihm gehören wollen, die alles zurücklassen, um von ihm und für ihn zu leben. Nein, es sind Nach*läufer*, die sich einen Nutzen von ihm für sich erhoffen: mehr Gesundheit, mehr Wohlbefinden, mehr Lebenszeit. Das ist nicht das, was Jesus will und was er predigt, aber er lässt es geschehen. Seine Wunder sind Zeichen. Sie weisen darauf hin, wer er wirklich ist und was er wirklich für die Menschen will.

So sind es an diesem Tag fünftausend Männer. Sind noch zusätzlich Frauen und Kinder dabei? Oder sind fünftausend Menschen gemeint – Männer und Frauen, Alte und Junge? Wer hat die vielen gezählt? – Diese Fragen sind müßig. Es ist eine übergroße Menge, völlig unüberschaubar. Und ein Problem scheint unlösbar. Nach einem langen Spaziergang von einem See hinauf auf einen Berg und nach einer langen Rede von Jesus sitzt die Masse auf dem Trockenen. Die Meute hat Hunger, aber nichts zu essen. Catering war im Freundeskreis von Jesus nicht vorgesehen. Eine Imbissbude gibt es nicht auf dem Berg. Angeln scheidet auch aus, der See ist zwar in Sichtweite, aber nicht in Reichweite. Das alles spielt sich auf einem Berg in der Nähe des Sees ab. Galiläisches Meer wird er genannt oder See Tiberias, nach der Stadt Tiberias, die am Westufer des Sees liegt. Johannes erwähnt, dass das Passahfest kurz bevorsteht. Damit klingt eine Geschichte an, die das Volk Israel viele Jahrhunderte zuvor erlebt hat und die ihre Identität wie keine zweite bestimmt. Mit dem Passahfest erinnern die Juden daran, wie das Volk Israel aus der Sklaverei in Ägypten befreit worden und ausgezogen war durch die Wüste. Während dieser Wüstenzeit wurden die Israeliten von Gott durch »Manna« versorgt, durch Speise, die Gott vom Himmel her schenkte. Gleich soll etwas Ähnliches geschehen, aber nicht nur eine Erinnerung oder eine Wiederholung. Nein, was gleich geschehen wird, ist mehr als das, was damals vor über einem Jahrtausend in der Wüste geschah.

Jesus sieht die Menge und sorgt sich ums Essen. Er fragt Philippus, einen seiner Freunde und Nachfolger, der zum Kreis der Jünger gehört: »Wo kaufen wir Brot, damit diese zu essen haben?« Einkaufen scheint die einzige Option zu sein. Aber erstens ist jeder Laden weit weg. Zweitens hätte irgendein galiläischer Bäcker bestimmt keine Brote für fünftausend oder mehr Menschen auf Vorrat. Und drittens wäre ja auch noch zu klären, wer eigentlich so viel Geld hätte, um mal eben ein Menü für alle zu besorgen. – Philippus ist irritiert. Aber Jesus meint die Frage nicht wirklich ernst. Er will ihn prüfen, schreibt Johannes ausdrücklich. Die Frage offenbart nur die Misere. Philippus bedenkt nur das dritte Problem, die Sache mit dem Geld: »Zweihundert Silbergroschen würden nicht mal reichen.« Will sagen: »Wir müssten ein kleines Vermögen ausgeben, und selbst dann würde das Brot noch nicht für alle reichen.« So viel Geld, wie man aufbringen müsste, haben die Freunde wohl zusammengenommen nicht auf ihren Konten oder unter ihren Kopfkissen liegen, geschweige denn in der Tasche. Aussichtslos. Unbezahlbar, meint Philippus etwas verlegen. Gut, dass sich genau in diesem Moment Andreas zu Wort meldet, der eine Idee zu haben scheint.

Fünf Brote und zwei Fische

Na, da sind mal alle gespannt. Aber was tut der? Er verweist auf ein Kind, das unter den Leuten ist und etwas zum Essen dabeihat. Um genau zu sein, fünf Gerstenbrote und zwei Fische. Ein ordentliches Vesper, würde ich sagen. Damit kann eine Person eine Tagestour bestreiten. Aber kleinlaut muss Andreas gestehen: »Was ist das schon für so viele …« Fünf Brote und zwei Fische sind nicht nichts, aber angesichts so vieler Menschen eigentlich doch so gut wie nichts. Nicht der Rede wert, denken wir. Andreas scheint schon zu bereuen, dass er überhaupt den Mund aufgemacht und darauf hingewiesen hat. Eigentlich macht er sich damit lächerlich.

Was Jesus jetzt aber sagt, ist verblüffend: »Lasst die Leute sich lagern!« – Das heißt so viel wie: Deckt schon man den Tisch! Was soll das? Wenn sich jetzt alle hinsetzen, wie soll das dann mit dem Essen werden? Sollte man nicht besser das Kommando geben: »Alle runter zum See! Holt euch Fisch und etwas zum Beißen von zu Hause oder sucht euch was am Ufer!« Aber lagern? – Keiner versteht, was Jesus vorhat. Doch Jesus weiß genau, was er tut und was er tun wird. Hier geschieht nichts zufällig oder nebenbei. Was Jesus tut, tut er bewusst und entschieden. Die Freunde von Jesus zaudern und zweifeln und zagen – und Jesus handelt souverän und entschieden. Gelassen, vielleicht sogar ein wenig heiter bestimmt er das Geschehen. Er ruft das Kind zu sich, das einbringt, was es hat. Es überlässt Jesus sein Pausenbrot – und dieser dankt Gott dafür. Er nimmt die Brote in die Hand, hält sie hoch und spricht ein Dankgebet. Auf diese Idee wäre sonst niemand gekommen. Jesus dankt für das, was da ist. Er sieht nicht auf den offensichtlichen Mangel, sondern auf das wenige, das Gott gibt. Und daraus erwächst das Wunder.

Danken ist der Schlüssel für Wundererfahrungen

Dankbarkeit ist der Schlüssel, mit Gott Wunder zu erleben. Wer danken kann, auch in Mangelzeiten, ist ein gesegneter Mensch. Wer dankt, ist zufriedener. Wer dankt, weiß, was er hat. Wer dankt, denkt positiv. Wer dankt, sieht auf Gottes Möglichkeiten und nicht auf sein eigenes Unvermögen. Wer dankt, erlebt den Segen Gottes auf wunderbare Weise.

> Wer dankt, sieht auf Gottes Möglichkeiten und nicht auf sein eigenes Unvermögen.

Nach dem Danken teilt Jesus aus. Er nimmt, dankt und gibt weiter. Das tut er mit den Broten und mit den Fischen. Und dabei passiert das Erstaunliche: Mit dem Teilen wird es immer mehr. Es geht nicht aus. Im Gegenteil: Danken, Teilen, Weitergeben – und es reicht für alle. Mehr als das: Zwölf Körbe voll

Essen werden hinterher eingesammelt, die noch überzählig sind. Verstehen kann das niemand! Am Anfang sind es fünf Brote und zwei Fische, am Ende bleibt ein Vielfaches übrig und alle sind satt.

Die Jünger werden bei diesem Wunder beteiligt. Sie dürfen die Reste einsammeln. Es soll nichts umkommen. Jesus weiß den Wert der Speise zu schätzen. Wer dankbar lebt, vergeudet kein Essen. Die Jünger gehen also durch die Menge und sammeln ein. Allein das ist ein echtes Stück Arbeit. Die Jünger spüren das Gewicht der Körbe. Sie erfahren mit allen Sinnen, welch ein Wunder Jesus hier tut. Erst sehen sie die Brote; sie sehen und hören, wie Jesus dankt; sie schmecken Brot und Fisch vom See und werden satt. Und schließlich nehmen sie auch noch in die Hände, was da auf wundersame Weise übrig geblieben ist. Mit allen Sinnen erleben sie in einer großen Gemeinschaft, was kein Mensch versteht. Nur so wenig stand zur Verfügung, und sie werden alle satt.

Die allermeisten, die dabei sind, bekommen von alldem zunächst gar nichts mit. Sie fragen sich, wo denn plötzlich so viel Brot und so viel Fisch herkommen mag. Wer hat all das auf den Berg getragen? Man hat doch gar nichts gesehen. Erst nach und nach spricht sich herum, dass es nur ein Kind war, das Jesus alles, was es hatte, zur Verfügung gestellt hat und so zum Segen für alle wird.

Wie gerne wäre ich dieses Kind gewesen!

Wer dieses Kind wohl war? Wir hören nichts mehr von ihm, aber dieser Junge oder dieses Mädchen hat wohl am wunderbarsten erlebt, was Jesus tut und wer er ist. Ein wunderbarer Versorger. Einer, der satt macht. Einer, der das Danken lehrt und das Teilen. Einer, der Leben schenkt. – Auf den großen Denker Blaise Pascal soll der Satz zurückgehen: »Es ist nicht auszudenken, was Gott aus den Bruchstücken unseres Lebens machen kann, wenn wir sie ihm ganz überlassen.« Dieses Kind hat Jesus das überlassen, was es hatte – und Jesus hat Undenkbares daraus gemacht. Wenn ich wählen könnte, wer ich in dieser Geschichte sein wollte, wenn ich mir also eine Rolle aussuchen dürfte, dann würde ich gerne dieses Kind sein.

Und Sie? Was könnten Sie eigentlich Gott überlassen?

Was sollten Sie nicht für sich behalten, sondern Jesus übergeben?

Wofür sind Sie besonders dankbar und was könnte Wunder wirken, wenn es geteilt und auf wundersame Weise vermehrt würde?

Es ist interessant, dass auf diese Weise unendlich viel Segen im Lauf der Geschichte entstanden ist. Es gab und gibt immer wieder Menschen, die das, was sie haben, für andere investieren, und es wächst etwas Großes daraus. Viele spenden. Viele bringen ihre Zeit ein. Viele tun, was sie tun können. Und Gott macht etwas daraus. Das ist das Geheimnis des Reiches Gottes. So baut Gott mitten in dieser Welt etwas von seiner neuen Welt auf.

Ein geheimnisvolles Zeichen

Auf dieses Geheimnis weisen auch die zwölf Körbe hin. Die Wunder, die Jesus tut, zeigen so vieles; hier wird ein besonderes Geheimnis angedeutet: Zwölf ist die Zahl des von Gott erwählten Volkes. Zwölf Stämme hat Israel, weil Jakob zwölf Söhne hatte. Zwölf ist aber auch die Anzahl der Jünger, also der Freunde von Jesus, die später auch Apostel genannt werden, weil er sie in ganz besonderer Weise beauftragt. Zwölf scheint eine Zahl zu sein, mit der Gott in besonderer Weise Geschichte macht. Nun bleiben hier zwölf Körbe voll Essen übrig. Gott gibt so viel und wirkt so viel Gutes durch Jesus, dass nicht nur die satt werden, die da sind. Es reicht nochmals für zwölf weitere. Weisen die zwölf Körbe auf die zwölf Jünger, die all das einsammeln? Weisen sie auf die Gemeinde, die sich später nach Jesus Christus benennen wird, und die wie das alte Volk Israel nun Anteil bekommt an dem, was Gott schenkt? Sind diese zwölf Körbe ein Hinweis auf die Kirche der folgenden Jahrhunderte?

Wir lesen aufmerksam und wir erahnen nur, was Jesus hier durch sein Zeichen zeigt. Jesus begegnet uns in jedem Fall als der, der uns satt macht. Er ist der gute Hirte, der unseren Mangel stillt. Er macht uns satt – und mehr als das. Er schenkt Brot und damit Leben im Überfluss. Brot ist das elementare Lebensmittel schlechthin. Jesus versorgt uns mit dem, was wir brauchen.

»Ich bin das Brot des Lebens«

An dieser Stelle will ich auf eine weitere Besonderheit verweisen. Später in diesem Kapitel des Johannesevangeliums wird Jesus sagen: »Ich bin das Brot des Lebens. Wer zu mir kommt, der wird nicht hungern. Und wer an mich glaubt, den wird nie mehr dürsten« (Johannes 6,35). Es ist das erste von sieben »Ich bin«-Worten, die Johannes uns von Jesus weitergibt:

Die sieben »Ich bin«-Worte im Johannesevangelium:

Wort	Stelle	Motiv
1) Ich bin das Brot des Lebens.	Johannes 6,35 (vgl. 6,41.48.51)	BROT
2) Ich bin das Licht der Welt.	Johannes 8,12	
3) Ich bin die Tür.	Johannes 10,7.9	
4) Ich bin der gute Hirte.	Johannes 10,11.14	
5) Ich bin die Auferstehung und das Leben.	Johannes 11,25	
6) Ich bin der Weg, die Wahrheit und das Leben.	Johannes 14,6	
7) Ich bin der wahre Weinstock.	Johannes 15,1.5	WEIN

Das erste »Ich bin«-Wort handelt vom Brot. Das letzte »Ich bin«-Wort handelt vom Wein. In Johannes 15,1.5 sagt Jesus: »Ich bin der wahre Weinstock, ihr seid die Reben. Wer in mir bleibt und ich in ihm, bringt viel Frucht; denn ohne mich könnt ihr nichts tun.«

Brot und Wein rahmen die sieben »Ich bin«-Worte ein. Alles, was Jesus ist, ist er für uns. Er gibt sich uns ganz, Brot und Wein, seinen Leib, sein Blut. Im Abendmahl wird dies in einer Dichte deutlich wie nirgendwo sonst. Sein ganzes Leben ist Hingabe. Er wird sein Leben geben, damit wir das Leben haben. »Ich lebe – und ihr sollt auch leben«, wird er später sagen (Johannes 14,19).

Zugleich sehen wir mit Staunen, wie das erste Wunderzeichen, das Jesus tut, auf der Hochzeit zu Kana geschieht und eben vom Wein handelt. Jesus schenkt Wein im Überfluss und in bester Qualität. Das haben wir gesehen. Wein ist das Genussmittel schlechthin, das zugleich auf sein Blut verweist. Brot ist das Lebensmittel schlechthin, das auf seinen Leib verweist. Beides kommt in den sieben »Ich bin«-Worten vor und beides in den sieben Wunderzeichen.[*] Das letzte »Ich bin«-Wort entspricht dem ersten Wunderzeichen: Wein! Und das mittlere Wunderzeichen, das vierte von sieben, entspricht dem ersten »Ich bin«-Wort: Brot. Erst tut Jesus das Zeichen, dann folgt etwas später im Kapitel das Wort, das alles aufklärt.

Ehrlich gesagt, ich stehe immer wieder staunend vor der Bibel und kann nur betend sagen: »Mein Gott, Jesus! Was bist du für ein Mensch und was hast du für mich getan!«

> Alles, was Jesus ist, ist er für uns.

---

[*] Vergleiche dazu Seite 39.

Zeit für das Wesentliche

Zurück an den See Tiberias, wo das Speisungswunder geschehen ist. Die Menge ist begeistert. Das Volk will Jesus zum König machen. Der Brotvermehrer hat das Zeug zum Volkshelden. Der Meister, wie sie ihn nennen, könnte ein Meisterzauberer werden, eine Art David Copperfield unter den Rabbinen seiner Zeit. Aber genau das will er nicht. Er entzieht sich dem Starkult. Er will Glaubende, nicht Bewunderer. Nicht nur Begeisterung, sondern Vertrauen. Und darum macht er das Gegenteil dessen, was ihm alle Medienberater empfehlen würden: Er zieht sich zurück. Allein. Auf einen Berg. Jesus sucht die Stille. Zeit für sich. Zeit mit Gott. Zeit für das Wesentliche.

Wann hatten Sie eigentlich zuletzt Zeit für das Wesentliche? Zeit für sich? Und für Gott?

Wenn wir uns diese Zeiten nicht nehmen, brauchen wir uns nicht zu wundern, dass wir keine Wunder erleben. Unsere Tage sind voll mit allem Möglichen. Aufstehen, frühstücken, arbeiten, einkaufen. Vielleicht ein bisschen Haushalt und ein bisschen Hobby. Und zwischendurch etwas Fernsehen, Facebook oder Füße hochlegen. Bei uns allen sieht das Alltägliche etwas anders auch, aber das ist es im Wesentlichen – doch eben das ist nicht das Wesentliche.

> Wunder erleben wir, wenn wir unsere Sinne für das Wesentliche öffnen.

Wunder erleben wir, wenn wir unsere Sinne für das Wesentliche öffnen.

Es kann sein, Sie brauchen Ihren Berg, auf den Sie gehen. Weg von allen andern: weg von der Masse und weg von den Freunden. Wenn Jesus diese Auszeit brauchte – um wie viel mehr dann wir?

Ehrlich gesagt, ich schreibe das hier in dieses Buch, aber ich nehme mir diese Zeiten selbst zu wenig. Aber man muss wohl nicht ein

Vorbild in jeder Hinsicht sein, um eine gute Einsicht festzuhalten, oder? Ob wir es einfach einmal wagen und es einfach tun: Sie und ich auch? – Ich glaube, es ist Zeit dafür, dass wir uns Zeit für das Wesentliche nehmen.

IMMER FÜR MICH

Gott ist mir nah.
Im Lachen des Kindes.
Im Wehen des Windes.
Gott ist für mich da.

Gott ist mir nah.
Im Blühen der Blumen.
Im Singen der Vögel.
Gott ist für mich da.

Gott ist mir nah.
Das Kind in der Krippe.
Der Mann am Kreuz.
Gott ist für mich da.

Wohin ich gehe, er ist schon da.
Und er ist immer für mich.
Dafür steht Jesus Christus.

(Vergleiche Apostelgeschichte 17,27b-28a)

WUNDER 5:
WENN WELLEN ZU EINEM WEG WERDEN

oder:

Warum Gott immer
für eine Überraschung gut ist

Am Abend aber gingen seine Jünger hinab an den See, stiegen in ein Boot und fuhren über den See nach Kapernaum. Und es war schon finster geworden und Jesus war noch nicht zu ihnen gekommen. Und der See wurde aufgewühlt von einem starken Wind. Als sie nun etwa eine Stunde gerudert hatten, sahen sie Jesus auf dem See gehen und nahe an das Boot kommen; und sie fürchteten sich. Er aber sprach zu ihnen: Ich bin's; fürchtet euch nicht! Da wollten sie ihn ins Boot nehmen; und sogleich war das Boot am Land, wohin sie fahren wollten.

Johannes 6,16-21

Über dem ganzen Trubel und dem Rückzug von Jesus nach der wunderbaren Brotvermehrung wird es Abend. Jesus ist weg, immer noch auf dem Berg. Die Menge hat sich verzogen. Nach und nach sind alle nach Hause gegangen. Es wird langsam dunkel. Zeit, nach Hause zu gehen. Die Freunde gehen hinunter zum See. Dort liegt ihr Boot, mit dem sie gekommen sind. Um nach Kapernaum zu kommen, wo zumindest einige von ihnen zu Hause sind und wohl alle ihr Quartier haben, müssen sie sich sputen. Sie müssen noch über den See fahren; das ist der nächste Weg. Eigentlich sollten sie auf Jesus warten. Aber er ist immer noch nicht zurück. Länger zu warten, ergibt keinen Sinn. Bald bricht die Nacht herein, und das Wetter sieht auch nicht gerade günstig aus. Also brechen sie auf. Ohne Jesus.

Keine Spur von Jesus

Es kann sein, wissen Sie, dass Jesus einfach nicht da ist. Dass Gott nicht zu sehen ist. Nicht zu spüren. Keine Spur von ihm. Eben noch war alles ganz großartig und wunderbar. Tausende wurden satt. Übersatt von dem, was Gott getan hat, aber schon im nächsten Moment sieht es düster aus. Gerade die Freunde von Jesus erleben diesen Frust. Ausgerechnet die, die ihn besonders gut kennen und die besonders viel Zeit mit ihm verbringen. Die, die es ernst meinen mit dem Glauben und die manches dafür aufgegeben haben, um mit ihm unterwegs sein – ausgerechnet die müssen auf ihn warten. Und zwar umsonst. Er kommt nicht.

Glauben wie auf dem Bahnhof

Es gibt den Frust, dass Wunder ausbleiben. Wir warten. Und wir warten umsonst. Glauben ist manchmal wie der Alltag auf dem Bahnhof: warten auf den Zug, der nicht kommt. Verspätung. Bitte verzeihen Sie mir den etwas gewagten Vergleich, aber manchmal fühlt es sich doch so an, als hätte Gott genau das mit der Deutschen Bahn gemeinsam: Er kommt zu spät. Wir warten. Und der Zug kommt nicht.

Manchmal fühlt es sich so an, als hätte Gott genau das mit der Deutschen Bahn gemeinsam: Er kommt zu spät.

Manchmal kommt alles andere, nur Jesus kommt nicht. Die Krankheit kommt. Der Krebs kommt. Die Chemo kommt. Die Schmerzen kommen. Und die Hoffnung schwindet. Immer wieder höre ich diese Geschichte. Es ist immer die gleiche – in verschiedenen Fassungen, mal dramatischer, mal tragischer, mal macht es mich betroffen, mal nehme ich es einfach nur zur Kenntnis. Aber es ist immer die eine Geschichte: warten auf Jesus. Und er kommt nicht. – Das wird uns noch öfter begegnen in diesem Buch. Es scheint so, als würden die Freunde von Jesus diese Erfahrung immer wieder machen. Er kommt nicht. Nicht zu unserer Zeit. Erst zu seiner Zeit.

Um nochmals auf die Bahn zurückzukommen: Glauben geht nicht nach Fahrplan. Jesus kommt, wann er will. Er handelt nach seiner Weise. Und die ist oft sehr wundersam. Mehr wundersam als wunderbar.

Das Wunder von gestern hilft nicht in den Sorgen von heute

Die Jünger rudern los. Sie rudern, bis die Arme brennen. Eine Stunde lang rudern sie. Sie sind schon mitten auf dem See. Da kommt es wie befürchtet, schlimmer noch: Ein Sturm kommt auf. Eigentlich nichts Ungewöhnliches am Galiläischen Meer, aber gleichwohl etwas Gefährliches. Jedes Jahr ertrinkt hier irgendjemand, weil er oder sie sich nicht vernünftig verhält. Meist sind sie selbst schuld, die Todesopfer. Eine gewohnte Gefahr ist zwar weniger gefährlich, aber dieses Mal müssen die erfahrenen Fischer zugeben: Nachts mitten auf den See zu rudern bei erkennbar unsicherem Wetter – das war nicht gerade vernünftig. Man würde es auch von ihnen sagen können, wenn sie in der Dunkelheit jämmerlich ersaufen würden, dass sie doch äußerst unvernünftig waren. Da helfen ihnen die zwölf übrig gebliebenen Körbe von vorher auch nicht weiter. Das Wunder von gestern hilft nicht in den Sorgen von heute.

Und doch ist es gut, die Wunder nicht zu vergessen. Erinnern ist eine Vorzugskunst des Glaubens. Wir können Gott nicht vertrauen, wenn wir nicht an das denken, was Gott früher Gutes getan hat. Schon der König David wusste das und betete genau so seinen Psalm: »Lobe den Herrn, meine Seele, und vergiss nicht, was er dir Gutes getan hat« (aus Psalm 103). Es gibt die Demenz der Seele: Sie vergisst das Gute, das sie schon erfahren hat. Dagegen hilft nur aktives Erinnern.

> Erinnern ist eine Vorzugskunst des Glaubens.

Eine erste Seite für Ihr Wunder-Tagebuch

Schreiben Sie doch einmal auf, was Gott Ihnen Gutes getan hat. Haben Sie wirklich keine Wunder erlebt, oder haben Sie sie nur vergessen? Schreiben Sie Ihre Wunder auf. Die nächste Seite eröffnet Ihnen einen Raum dafür. Schreiben Sie die Wunder auf, die Sie schon erfahren haben, kleine und große. Halten Sie das Gute fest, das Gott Ihnen gegönnt hat. Nur eine Seite, jetzt in diesem Buch. Vielleicht wird es die erste Seite für ein persönliches Wunder-Tagebuch von Ihnen. Das wäre mein Tipp für Sie: Kaufen Sie ein Buch mit leeren Seiten und halten Sie darin die wunderbaren Momente Ihres Lebens fest. Kurze Szenen, kleine Begebenheiten, Zitate von Kindern, schöne Erinnerungen, wertvolle Erfahrungen, vielleicht manchmal nur ein Stichwort. – Das sind Worte gegen das Vergessen. Worte, die Sie Wunder entdecken lassen, die Wunder Ihrer Welt.

Meine persönliche Wunder-Seite

Was Gott mir Gutes getan hat ... nur eine kleine Geschichte.

DAS GUTE NICHT VERGESSEN

Wir vergessen so leicht das Gute, das uns widerfährt.
Aber Gott tut unendlich viel für uns.

Er hat eine ganze Welt für uns geschaffen.
Und er hat sie uns geschenkt.

Er hat das Leid dieser Welt gesehen; das Geschrei der
Unterdrückten hat er gehört.
Und er ist gekommen, um uns zu retten.

Er hat sein Leben für uns gegeben. Den Tod hat er auf sich
genommen, damit wir leben.
Und er ist heute für uns da, um uns zu segnen.

Gott meint es nicht nur gut – er tut uns gut.
Mehr noch: Er macht uns gut.
Und er macht es gut mit uns.

Das ist ein Grund, ihn zu loben.
Das ist Anlass, für ihn zu singen.
Das lässt uns aufstehen und springen:

»Halleluja, danke, mein Gott, für das Gute, das du mir tust!«

(Vergleiche Psalm 103,2)

Ein Spaziergang über die Wellen

Auf einmal ist er doch da: Jesus. Mitten auf dem See. Er geht über den See. Johannes erzählt das Unfassliche so beiläufig, dass man es fast überliest. Er schwimmt nicht – er geht. Ein Spaziergang über die Wellen. Es ist vielleicht das bekannteste Wunder von Jesus. Längst zum Sprichwort geworden, zur spöttischen Wendung, zum Anlass vieler Witze. Wer nichts über Jesus weiß, hat das doch irgendwie schon mal vernommen: »Ist das nicht der Typ, der übers Wasser ging …?« – Ja, das ist er.

Er kommt einfach so daher, als machten ihm Wind und Wellen, Nacht und Nebel schlicht nichts aus. Er steht einfach drüber, über allem. Auch über den dunklen Mächten, die man tief unten im See vermutet, den Chaoskräften, den Dämonen, den Ungeheuern – Jesus zeigt sich nicht nur als Herr über den Kosmos, indem er Brot und Fisch vermehrt, er erweist sich auch als Herr über das Chaos. Da steht er drüber und geht drüber. Das ist nun buchstäblich eigenartig.

Gott ist immer für eine Überraschung gut

Es ist seine ureigene Art, plötzlich wieder auf der Bildfläche zu erscheinen. Was für ein Auftritt! – Und auch so ist es mit dem Glauben: Das Warten gehört dazu. Auch das lange und vergebliche Warten. Aber ebenso die Überraschung, dass Gott auf einmal doch da ist. Völlig unerwartet und auf ganz eigene Weise. Dann nämlich, wenn wir das Warten längst aufgegeben haben. Die Freunde auf dem See haben sich längst damit abgefunden, dass sie mit der Misere selbst klarkommen müssen. Auf Jesus haben sie nicht mehr

> Das Warten gehört dazu. Auch das lange und vergebliche Warten. Aber ebenso die Überraschung, dass Gott auf einmal doch da ist.

gezählt, die Gefährten in Seenot. Aber gerade dann ist er da. Das sollten Sie sich auch merken: Gott ist immer für eine Überraschung gut.

Und was für eine! Er kommt nah an das Boot heran. Und bitte stellen Sie sich das jetzt nicht vor, als würde er von einer Art Landungssteg über die Reling schauen. Er geht auf den Wellen. Da geht es rauf und runter. Das Boot schwankt. Die Gischt spritzt. Die Wellen schlagen gegen das Holz. Der Regen prasselt. Der Wind tobt in den Ohren. Es ist ein Höllenlärm auf dem See. Die Schreie der Bootsleute werden vom Sturm verschluckt. Jesus wird wie das Boot von den Wellenbergen, die sich auftürmen wie mächtige Ungeheuer, nach oben getragen, um im nächsten Augenblick wieder wie in einem Aufzug nach unten in ein Wellental gerissen zu werden. Ein skurriler Anblick. Die Freunde sehen Jesus Aufzug fahren auf dem Meer, direkt neben ihrem Boot. Wer kann da schon seinen Augen trauen?

Erschrecken vor dem Wunder

Die alten Seebären machen sich vor Angst in die Hose, in die ihr Herz schon längst gerutscht ist. Was für eine Dramatik! Da taucht nun Jesus endlich auf, und sie sehen ihn. Sein Gesicht ist nass. Seine Haare kleben auf der Haut. Ebenso seine Kleider. Aber es ist unverkennbar Jesus, ihr Freund, ihr Meister, ihr Lehrer, ihr Hoffnungsträger. Doch bei den Jüngern – keine Spur von Entspannung oder Freude oder Gelassenheit oder vielleicht auch Jubel: »Endlich ist er da!« So, wie wenn ein Ertrinkender in Seenot ein Rettungsboot entdeckt und neue Hoffnung schöpft, neue Kräfte mobilisiert und mit neuem Mut anpackt. Nichts davon! Das Gegenteil ist der Fall: Sie fürchten sich.

> Die alten Seebären machen sich vor **Angst** in die Hose, in die ihr **Herz** schon längst gerutscht ist.

Wunder gehen mit Schrecken einher. Wer Gott auf frischer Tat begegnet, erschrickt. Wir haben uns an die Wundergeschichten der Bibel viel zu sehr gewöhnt. Sie sind so alltäglich geworden. So banal. So selbstverständlich. Wir übersehen allzu leicht den Schrecken. Es gibt dieses wunderbare Erschrecken. Ein ganz eigenartiges Entsetzen. Wenn Jesus auftaucht, ist das typisch. – Darf ich Sie mal fragen: Sind Sie schon mal erschrocken vor Gott? Kennen Sie diesen Schrecken, wenn Sie plötzlich Gott begegnen? – Wunder lösen nicht einfach nur Freude und Frieden auf, Heilung und Harmonie, Wohlbefinden und Behaglichkeit. Gerade wenn Gott Wunder tut, durchbricht er unsere Wohlfühlzone und stellt unser Leben auf den Kopf.

Wenn Gott Wunder tut, macht er sich nicht zum Erfüllungsgehilfen unserer Träume und Wunschvorstellungen. Nie ist Jesus als eine gute Fee aufgetreten, die drei Wünsche erfüllt hätte. Er hat überraschend geheilt und geholfen, vergeben und versorgt, gerettet und befreit. Oft zum Entsetzen der Beteiligten. Wunder können Beifall auslösen, aber auch Bestürzung.

Auf das Wunder-Wort kommt es an

Jesus ist nahe am Boot – und der Sturm tobt. Aber dann lässt er sich nicht nur sehen, sondern auch hören. Er redet. Und zwar so, dass die Männer im Boot ihn verstehen: »Ich bin's. Fürchtet euch nicht!« – Dieses Wort verändert alles.

Es ist zuerst ein Wort gegen die Furcht. Offensichtlich weiß Jesus, was seine Erscheinung auslöst: Angst und Schrecken nicht nur vor dem Sturm, sondern vor der Gestalt, die sich plötzlich nähert. Darum sagt er: »Fürchtet euch nicht!« Genauso, wie das Gott schon zu Israel gesagt hat, Jahrhunderte zuvor. Immer wieder:

»Fürchte dich nicht! Ich habe dich erlöst.«

»Fürchte dich nicht! Ich bin bei dir.«

»Fürchte dich nicht! Ich halte dich fest.«

Wer mehr davon lesen will, schmökere nur mal etwas im Propheten Jesaja ab Kapitel 40. Jesus greift diese alten Worte auf. Es sind ja Worte seines Vaters. Und wie damals führt er als Begründung sich selbst an: »Ich bin's.«

Dieses »Ich bin« hat es in sich. Es ist ganz gewaltig. Es hat eine ganz eigene Macht. Später wird Jesus diesen Satz sagen, wenn Judas ihn an die Soldaten verraten wird, die ihn gefangen nehmen und abführen, um ihm den Prozess zu machen. Dreimal wird er sagen, dass er es sei, den sie suchen. Dreimal wird dieses »Ich bin« gesprochen, und die Folgen sind verheerend: Die Soldaten weichen zurück und fallen um, als wären sie erschlagen. Das Wort fegt wie ein Todeshauch über sie hinweg, nachzulesen in Johannes 18,1-11. Dort wie hier hat diese Selbstvorstellung eine gewaltige Wirkung. Und das hat einen Hintergrund.

Es ist das »Ich bin«, das Mose vor über einem Jahrtausend am Dornbusch in der Wüste gehört hatte. – Wir blenden kurz zurück … von Jesus zu Mose, vom Jahr 30 n. Chr. ins Jahr 1300 v. Chr., vom See Genezareth in die Wüste (vergleiche 2. Mose 3).

Rückblende: Ein Feuer in der Wüste

Ein Feuer mitten in der Wüste. Ein ungewöhnliches Feuer: Ein Dornbusch brennt, aber er *ver*brennt nicht. Mose, der Hirte, steht davor und reibt sich die Augen: Das gibt's doch nicht! Seine Schafe blöken vor sich hin, und er blickt nichts mehr. Was kann das sein? Eine Fata Morgana? Ob ihm die Wüstensonne einen Stich verpasst hat?

Langsam schleicht er sich vor – neugierig, wie er ist. Schritt für Schritt stapft er durch den Sand, geradewegs auf das brennende Wunder-Gestrüpp zu. Es wird immer heißer. Schweißperlen treten auf seine Stirn. Es lodert. Es knistert. Es knackt und kracht. Und da plötzlich – eine Stimme:

»Mose! Mose!«

Da ruft ihn jemand mit Namen. Kann das sein? Mitten in der Einsamkeit der Wüste? Mitten im Alltag, so aus heiterem Himmel? – Aber tatsächlich. Gleich zweimal: *»Mose! Mose!«* Der Hirte erschrickt. Da kennt ihn jemand mit Namen! Da hat ihn jemand aufgespürt! Jetzt, so denkt er, jetzt ist womöglich alles aus.

Wir müssen wissen: Mose hat ein schlechtes Gewissen. Denn eigentlich dürfte Mose gar nicht hier sein, hier in der Wüste. Eigentlich müsste er jetzt in Ägypten sein. Dort in Ägypten ist auch der Rest seines Volkes Israel. Dort sind seine Leute. Frauen, Männer und Kinder. Und die werden dort schwer geplagt, vom ägyptischen Pharao zur Zwangsarbeit verpflichtet. Gefangen, geschunden, entrechtet. Dort herrscht bitteres Leiden. Große Not.

Dort ist eigentlich der Brennpunkt! Aber dort wurde es ihm zu brenzlig, dem Mose. Denn dort hat er einen Ägypter ermordet, dieser Hitzkopf. Einen Sklavenaufseher hat er im Zorn getötet und sich dann aus dem Staub gemacht. Geflohen ist er hierher ins Land eines Wüstenvolkes am Berg Horeb. Und da schlägt er sich jetzt als Hirte durch, der Totschläger. Das also ist Mose, ein Heißsporn mit schlechtem Gewissen.

Ertappt!

Und jetzt ruft ihn da jemand bei seinem Namen mitten in der Wüste. Hier, wo er doch als ein Unbekannter untertauchen wollte, als ein Namenloser. Und noch dazu kommt die Stimme aus einem brennenden Busch! – Keine Frage, da kann man schon ins Schwitzen kommen … Sein Hemd ist völlig durchnässt. Er stammelt: *»Hier bin ich.«*

Er schaut sich um. Er starrt in die lodernden Flammen vor sich. Und gerade, als er noch einen Schritt vorgehen will, ertönt wieder diese Stimme:

»Halt! Keinen Schritt weiter!«

Mose zuckt zusammen und hört weiter:

»Zieh deine Schuhe aus!
Denn der Ort, auf dem du stehst, ist heiliges Land.«

Mose ist von den Socken. Aus dem Busch spricht Gott zu ihm. Gott! Das Szenario ist eine Offenbarung Gottes. Obwohl die Hitze nun schier unerträglich ist, bekommt er eine Gänsehaut. Es brennt mitten in der Wüste. Und das nur aus einem einzigen Grund:

Weil Gott die Bühne betritt. Ein gewaltiges Ereignis!

Wir wollen noch etwas genauer hinschauen. Was ist das für ein Feuer? Was ist das für ein Gott?

Mose ist von den Socken. Obwohl die Hitze nun schier unerträglich ist, bekommt er eine Gänsehaut.

Gott brennt

Da steht also Mose vor diesem Feuer. Gott begegnet einem Menschen auf höchst eigenartige Weise. Und wenn Gott einem Menschen begegnet, dann ist das eine heiße Sache. Mose erlebt das buchstäblich. Wenn Gott ihn nicht zurückgehalten hätte, dann hätte er sich gewaltig die Finger verbrannt. Mehr noch: Er selbst, seine ganze Person, wäre auf der Stelle verbrannt, mit Haut und Haaren. Mose erkennt: Dieser Gott, der ihn beim Namen nennt, ist ein heiliger Gott. Dieses Feuer hat heilige Flammen.

Deshalb fürchtet sich Mose. Er weiß: Vor dem heiligen Gott kann er nicht bestehen. Erst zittern ihm die Knie. Dann fällt er auf die Knie. Er hält sich die Hände vors Gesicht. Denn Gott, den heiligen Gott, kann er nicht anschauen. Diesen Gott kann er nur anbeten.

Gott ist nicht nur lieb

Wissen Sie, wenn Gott uns begegnet, ist das eine heiße Sache. Gott ist nicht »der liebe Gott«, der irgendwo im Himmel vor sich hinschlummert. Kein Schmusegott, der zu allem Ja und Amen sagt. Gott ist nicht der harmlose Opa mit Rauschebart, den wir getrost einen alten Mann sein lassen können. Gott ist ein heiliger Gott. Der »Gott der Väter«, so stellt er sich Mose vor. Der Gott, der Himmel und Erde gemacht hat. Dieser heilige Gott kennt jede und jeden von uns mit Namen.

Er kennt auch diesen Mose. Er weiß, was Mose auf dem Kerbholz hat. Er sieht und kennt die Wege, die Mose gegangen ist. Deshalb sagt er:

»Zieh deine Schuhe aus. Zieh sie aus, die Bergschuhe, mit denen du die Karriereleiter in Ägypten hinaufgestiegen bist; die Springerstiefel, mit denen du deine krummen Touren ausgetreten hast; die Leisetreter, mit denen du dich auf deiner Flucht davongeschlichen hast. Zieh sie aus!«

Was steht im Schuhschrank unseres Lebens?

Welche Schuhe wir wohl ausziehen müssen? Was haben wir im Schuhschrank unseres Lebens stehen?

Vielleicht Schuhe, mit denen wir auf Abwegen waren. Als wir andere verachtet haben. Als wir schlecht über die Nachbarin geredet haben, die ohne Mann, aber mit Kind. Geredet haben wir viel über sie, aber mit ihr so wenig. Und geholfen haben wir schon gar nicht. Wie es ihr wirklich geht und wie sie ihr Leben meistert – letztlich interessiert es uns herzlich wenig, wenn wir an ihr vorbeigehen. Gott weiß das und sagt: »Zieht eure Schuhe aus!«

Aber wir sind ja nicht nur auf Abwegen. Bestimmt haben wir auch Schuhe, mit denen wir auf guten Wegen waren. Es ist doch bei Weitem nicht alles schlecht, was wir tun. Und wir brauchen uns das auch nicht einreden lassen, dass wir schlechte Menschen wären. Und dennoch sagt Gott zu uns: »Zieht eure Schuhe aus – auch die Schuhe eurer guten Wege!«

Eins wird hier klar: Unsere Wege zählen nicht. Gott zahlt kein Kilometergeld. An Mose nicht. Und an uns auch nicht. Im Licht der heiligen Flammen erkennt Mose, wer er ist: ein Sünder, ein Mann, der im Wüstensand liegt. Sünder – das sind auch wir. Nein, nicht einfach schlechte Menschen. Aber Menschen, die vor Gott liegen. Die vor Gott nicht stehen, nicht bestehen können. Unfähig, ihm unter die Augen zu treten. Gott ist heilig. Das ist sein Wesen. Das zeigt er uns – und dabei erkennen wir zugleich, wer wir sind: unheilige Sünderinnen und Sünder. Das ist unser Wesen.

Darum sagt Gott: »Zieht eure Schuhe aus! Ob ihr immer geradeaus gegangen oder ob ihr auf die schiefe Bahn geraten seid. Ob ihr euch für andere die Sohlen abgelaufen habt oder ob ihr über Leichen gegangen seid. Zieht sie aus, die Turnschuhe eurer guten Taten genauso wie die Stiefel eurer sündigen Meilen!«

Ein Feuer im Herzen Gottes

Gott brennt, aber er verbrennt uns nicht. In diesem Feuer begegnet uns erbärmlichen Menschen das Erbarmen Gottes. Es ist doch ganz eigenartig: Da lässt Gott den Mose etwas erahnen von seiner Heiligkeit, er lässt ihn erschrecken. Aber zugleich schützt er ihn und bewahrt ihn vor dem Feuer:

»*Tritt nicht herzu!*«

Darin zeigt sich eine ganz spezielle Eigenart Gottes. Eine besondere Fürsorge, eine ganz besondere Liebe. Das Feuer dieser Liebe brennt nicht nur in der Wüste; es brennt im Herzen Gottes. Wenn Mose in diese Flammen sieht, dann darf er einen Blick wagen ins Herz Gottes. Und wir sehen hinterher.

So ist das, wenn Gott sich offenbart. Dann zeigt er uns, was ihn im Tiefsten bewegt. Dann sehen wir, wie sehr er uns liebt. Davon bin ich zutiefst überzeugt: Der lebendige Gott ist Feuer und Flamme für uns! Er hat uns ins Herz geschlossen. Schon längst, lange bevor uns das bewusst wird.

In seinem Herzen brennt ein Feuer, das uns heiß begehrt. Was Gott dort in der Wüste und in allen Wüsten dieser Welt auf dem Herzen liegt, das sind seine Kinder. Es lässt Gott nicht kalt, wenn Menschen in Not sind. Gott ist kein cooler Typ, den die Probleme seiner Menschen nicht interessieren. Nein, er ist vielmehr ein warmherziger Vater, dem das Elend seiner Kinder zu Herzen geht:

»Ich habe das Elend meines Volkes gesehen und ihr Geschrei gehört«, sagt er.

Gott sieht hin – auch wenn sonst alle wegschauen

Gott sieht. Er schaut nicht weg, wenn Einzelne oder Tausende von Menschen sterben. Er wendet seine Augen nicht ab, auch nicht von den schrecklichen Katastrophen, von den Flüchtlingsdramen rund um das Mittelmeer, in Syrien, in Nigeria, im Kongo. Gott sieht hin. Dieses unermessliche Leid, das oft im Schatten der Weltöffentlichkeit geschieht. Dieses Elend, das uns zweifeln lässt: War Gott blind, als die Granaten einschlugen und die Vergewaltiger kamen? Hat er die Augen einfach verschlossen? – Er antwortet selbst mit eigenen Worten:

»Ich habe das Elend gesehen.«

Es gilt gerade auch dort, wo keine Fernsehkamera und kein Mensch hinschaut: Gott sieht. Und Gott hört. Er hört nicht weg, wenn wir schreien und weinen und schluchzen.

Denken Sie daran, wenn Sie allein zu Hause sind. Wenn die Einsamkeit Sie quält. Wenn die Wunder ausgeblieben sind. Wenn ein geliebter Mensch so schmerzlich fehlt. Wenn die Trauer Sie nicht loslässt, auch nach langen Monaten, vielleicht nach Jahren nicht. Auch, wenn kein Mensch Ihr Weinen mehr hören will – Gott hört:

»Ich habe das Geschrei über ihre Bedränger gehört.«

Auch wenn mir manchmal selbst der Glaube fehlt – darauf will ich vertrauen, und daran will ich mich halten: Was uns auf dem Herzen liegt, nimmt Gott auf sein Herz. Deshalb kommt er selbst in die Not hinein:

»Ich bin herabgestiegen, dass ich sie errette.«

Das hat er Mose zu sagen. Und das sind keine leeren Worte: Gott kommt und rettet. Damit beginnt die größte Rettungsaktion der Geschichte Israels. Gott führt sein Volk aus dem Elend in Ägypten, aus der Gefangenschaft ins Gelobte Land. Es wird ein langer Weg. Aber genau dazu beruft und sendet er Mose. Dazu erscheint er im Dornbusch. Darum, nur darum brennt dieses Feuer in der Wüste.

Gottes Name: »Ich bin«

Und Mose ist damals ja nicht am Dornbusch geblieben. Er hat keine Hütte gebaut, auch keine Kirche errichtet. Er ist weitergegangen. Er hat seine Schuhe wieder angezogen und ist losgezogen vom Berg Horeb hinab ins Nildelta, vom Berg der Erscheinung hinab ins Land der Unterdrückung zu seinem Volk. Am Dornbusch wurde aus dem Sünder ein Gesandter. Gott hat ihn berufen, sein Volk zu befreien und verspricht ihm, treu zu sein. Nichts anderes bedeutet der Name Gottes:

»Ich bin, der ich bin.«
»Ich werde sein, der ich sein werde.«

Was so geheimnisvoll klingt, heißt schlicht: »Ich werde für dich da sein. Du bist nicht allein. Ich gehe mit dir.« – Als Zeichen dafür, dass Gott sie tatsächlich begleitet, sieht Israel später beim Auszug aus Ägypten am Tag eine Wolkensäule voranziehen und bei Nacht eine Feuersäule. So steht das in den alten Berichten.

Zurück auf den See

Wenn wir noch so dastehen und in das Feuer des Dornbuschs sehen, dann wandert unser Blick wieder zurück: vom Wüstensand hinaus auf den See, aus der Gluthitze eines heißen Wüstentages in die stürmische Nacht auf dem Wasser. Wir sehen die Freunde wieder, wie sie rudern und kämpfen, wir sehen Jesus auf den Wellen, wie er nahe am Boot steht. Und wir hören, wie das Wort aus dem Dornbusch mit dem Wort aus dem Mund von Jesus zusammenklingt: »Ich bin.«

Es scheint, als wären unsere Krisenzeiten die Wunder-Zeiten Gottes.

Es ist dieses eine »Ich bin«: das Versprechen, dass Gott bei uns ist und mitgeht. Nicht nur durch die Wüste, sondern auch durch die Stürme des Lebens. Gott scheint immer dann aufzutreten, wenn es heiß oder kalt, wenn es gleißend hell oder rabenschwarze Nacht ist. Die gemütlichen Alltage sind wohl nicht so sehr die Zeiten Gottes. Es scheint, als wären unsere Krisenzeiten die Wunder-Zeiten Gottes.

Das völlig verblüffende Ende eines Abenteuers

Gott kommt herab, um uns zu retten. Er erscheint mitten in der Wüste und mitten im Sturm dieser Welt. Er hat die ganze Welt in sein Herz geschlossen. Und er nimmt uns in sein Wunderhandeln mit hinein, manchmal sogar so, dass wir es erleben und nicht wissen, wie es dazu kommt. Die Gefährten von Jesus erleben jedenfalls etwas Verblüffendes: Sie wollen Jesus ins Boot holen – das ist ja nun eigentlich nahe liegend, wenn man mitten auf einem See einem Menschen begegnet, der außerhalb des eigenen Bootes ist: Man holt ihn herein. Und in genau diesem Moment sind sie sogleich an Land, genau da, wohin sie fahren wollten. Als sie Jesus hereinholen, sind sie am Ziel.

Der Glaube kann Berge versetzen, sagt Jesus an anderer Stelle. Hier versetzt er ein Boot. Schwupp – und sie sind da, zu Hause in Kapernaum. Verstehen kann das keiner. Erklären zwecklos. Nur eines erfüllt die Herzen aller: Gott sei Dank!

Solch wundervolle Erfahrungen gibt es. Dabei halten wir fest, was grundsätzlich gilt: Erfahrungen tragen nicht unseren Glauben, aber wer im Glauben getragen ist, macht Erfahrungen. Manchmal erleben wir Wunder. Manchmal brechen die Wellen in unser Boot herein und schlagen über uns zusammen. Wir kentern, aber wir sind dennoch von Gott gehalten, weil er uns in jedem Untergang festhält und letztlich ans Ziel bringt.

> Erfahrungen tragen nicht unseren Glauben, aber wer im Glauben getragen ist, macht Erfahrungen.

Jesus sammelt keine Bewunderer – er sendet Berufene

Und was dann? Wie geht es weiter, wenn wir gekentert sind? Oder wenn wir eine wunderbare Erfahrung gemacht haben? Jesus hat seine Freunde nie dazu ermutigt, sich dort niederzulassen, wo alles schön und gut und herrlich war. Er hat sie immer wieder aufgefordert loszugehen. Darum ist es so wichtig, dass wir nicht aufgeben und nicht einfach nur stehen oder sitzen bleiben und auf ein Wunder warten. Jesus sammelt keine Bewunderer – er sendet Berufene. Das sind Menschen, die sich auf sein Wort verlassen und es daraufhin wagen, anderen zu helfen, sie zu ermutigen, ihnen beizustehen. Darum sind »Bibelbeweger« gesucht, Menschen also, die die Bibel nicht auf dem Regal verstauben lassen, sondern sie bewegen, aufschlagen und darin lesen. Und sich dann von der Bibel innerlich bewegen und auch äußerlich in Bewegung setzen lassen, um das zu tun, was sie lesen. »Fürchtet euch nicht«, sagt Jesus. Er sammelt keine Angsthasen, sondern sendet Hoffnungsträger in die Welt, die etwas erzählen können von Stürmen und großer Not, aber auch von dem, der in alldem da ist und ans Ziel bringt.

ICH KANN NICHT ÜBER DAS WASSER GEHEN, ABER...

Ich kann nicht über das Wasser gehen,
aber ich entdecke die Wunderwelt,
die Gott mir heute eröffnet.
Es kommt darauf an, dass wir es wagen zu glauben...

... GLAUBEN WAGEN!

Nur wer abspringt, lernt zu fliegen.
Nur wer losläuft, kommt auch an.
Nur wer kämpft, der wird auch siegen.
Wer Glauben wagt, erlebt: Gott kann.

Ein Gott kann Schuld vergeben.
Ein Gott macht Altes neu.
Ein Gott lässt Tote leben.
Dieser Eine macht uns frei.

Glauben ist ein Wagnis. Es hilft nichts, nur zu wissen, was in der Bibel steht und was die Leute sagen. Vertrauen kann ich nur selbst. Es gehört ein bisschen Mut dazu. Aber heute will ich es wagen, mich auf das Versprechen Gottes zu verlassen. Ich will mit ihm losgehen. Ich will ihn bitten, mich heute an der Hand zu nehmen und mich zu leiten. Und ich ahne schon – dabei werde ich Wunder erleben.

(Vergleiche dazu Matthäus 14,29)

WUNDER 6:
WENN EIN BLINDER ALLE FARBEN SIEHT

oder:

Warum wir trotz allem gute Aussichten haben

Unterwegs sah Jesus einen Mann, der von Geburt an blind war. »Meister«, fragten die Jünger ihn, »warum wurde dieser Mann blind geboren? Ist es wegen seiner eigenen Sünden oder wegen der Sünden seiner Eltern?« »Es lag nicht an seinen Sünden oder den Sünden seiner Eltern«, antwortete Jesus. »Er wurde blind geboren, damit die Kraft Gottes an ihm sichtbar werde. Wir alle müssen die Aufgaben dessen, der mich gesandt hat, rasch erfüllen. Denn nicht mehr lange und die Nacht bricht herein, in der niemand mehr etwas tun kann. Doch solange ich noch in der Welt bin, bin ich das Licht der Welt.« Dann spuckte er auf die Erde, vermischte den Lehm mit seinem Speichel zu einem Brei und strich ihn dem Blinden auf die Augen. Daraufhin sagte er zu ihm: »Geh und wasch dich im Teich Siloah.« Siloah bedeutet: Gesandter. Da ging der Mann und wusch sich und kam sehend zurück!

Johannes 9,1-7

»Sechs Minuten noch im Wankdorf-Stadion in Bern. Keiner wankt. Der Regen prasselt unaufhörlich hernieder. Es ist schwer, aber die Zuschauer, sie harren [...] aus. Wie könnten sie auch – eine Fußballweltmeisterschaft ist alle vier Jahre, und wann sieht man ein solches Endspiel, so ausgeglichen, so packend? Jetzt Deutschland am linken Flügel durch Schäfer. Schäfers Zuspiel zu Morlock wird von den Ungarn abgewehrt. Und Bozsik, immer wieder Bozsik, der rechte Läufer der Ungarn am Ball. Er hat den Ball – verloren diesmal, gegen Schäfer. Schäfer nach innen geflankt. Kopfball – abgewehrt. Aus dem Hintergrund müsste Rahn schießen – Rahn schießt – Tooor! Tooor! Tooor! Tooor!«[3]

Das Wunder von Bern

Die Reportage des Finalspiels der Fußballweltmeisterschaft 1954 von Herbert Zimmermann ist längst zur Legende geworden. Sie ist Teil der Geschichte der jungen Bundesrepublik Deutschland. Das Wunder von Bern ist Bestandteil des kulturellen Gedächtnisses nicht nur einiger Fußballinteressierter geworden, sondern einer ganzen Nation. Unmittelbar nach dem Schlusspfiff überschlägt sich die Stimme Zimmermanns, wenn er »mit Tränen in der Stimme« ruft:

> »Aus. Aus. Aus. Aus! – Das Spiel ist aus! Deutschland ist Weltmeister!«

Ein ganzes Land hat nach den furchtbaren Ereignissen des Dritten Reiches ein Wunder erlebt, nachdem man einer menschenfeindlichen Ideologie verfallen war und die Verbrechen des Naziregimes ermöglicht hatte, nachdem man die ganze Welt in einen entsetzlichen Krieg hineingezogen und selbst unter Krieg, Hunger und Zerstörung gelitten hatte. Ein Fußballwunder, das doch viel mehr war als nur ein spektakulärer Sieg bei einem Turnier. Zwar war es das auch, denn die ungarische Nationalmannschaft war hoch favorisiert. Dass sie am 4. Juli 1954 vor 60 000 Zuschauern in Bern mit 2 : 3 gegen die junge Mannschaft um Kapitän Fritz Walter unterlag, war eine Sensation. Seither gelten die Spieler von Bundestrainer Sepp Herberger als die »Helden von Bern«.

Das deutsche Wirtschaftswunder

Unzählige Male wurde ihre Geschichte erzählt, die entscheidenden Ausschnitte werden immer wieder im Fernsehen wiederholt. Bücher wurden geschrieben, ein erfolgreicher Film gedreht und ein Musical komponiert. Neun Jahre nach Ende des Zweiten Weltkrieges schien dieses Wunder ein ganzes Land aus der Depression der Nachkriegszeit zu reißen. Hunger, Trauer, Entbehrungen konnten hinter etwas Wunderbares zurückweichen. Das deutsche Wirtschaftswunder der 50er-Jahre konnte seinen Lauf nehmen. Manche sehen in diesem Ereignis die eigentliche Geburtsstunde der Bundesrepublik Deutschland. Darum erzählen wir so gerne Wundergeschichten: Sie vermögen offensichtlich vergrabene und verloren geglaubte Lebenskräfte zu wecken. Ohne Wunder könnten wir nicht wieder aufstehen. Wunder entfalten ihre große Kraft in der Krise, in Not und Verzweiflung.

Das Wunder von Lengede

Ganz ähnlich erlebten das die Menschen am 24. Oktober 1963 und in den 14 Tagen danach. Im Eisenerzbergwerk von Lengede ereignet sich eines der schwersten Grubenunglücke der Geschichte. 129 Bergleute der Mittagsschicht sind unter Tage, als gegen 20 Uhr der zur Grube gehörende Klärteich 12 einbricht und nahezu 500 000 Kubikmeter Wasser, Schlamm und Geröll in den Schacht Mathilde strömen. Eine Sintflut unter Tage. Ein Super-GAU. Ein Todesurteil für die Eingeschlossenen. Doch bereits in den ersten Stunden können 79 Arbeiter gerettet werden. Für die anderen stehen die Chancen schlecht. Eine beispiellose Rettungsinitiative wird eingeleitet. Am nächsten Morgen – es ist Freitag, der 25. Oktober 1963 – wird gebohrt und gesucht. Einige Menschen können gerettet werden. Doch am Samstag, dem 26. Oktober, hängt die Betriebsleitung eine Liste mit 39 Namen aus. 39 Bergleute werden für tot erklärt. Man sieht nach vergeblichen Suchbohrungen keine Möglichkeit mehr, etwas zu tun. Für den 4. November plant man eine Trauerfeier. Doch es wird weiter gebohrt und gesucht. Die Ereignisse im Einzelnen

sind hochdramatisch. Am Ende sterben 29 Bergleute, aber noch am
7. November 1963, 14 Tage nach dem Unglück, werden elf Männer
gerettet. Diese Rettung ging als das Wunder
von Lengede in die Geschichte ein.

Es war trotz allem ein tragisches Ereignis. Menschen haben ihr Leben verloren, andere ein furchtbares Trauma erlebt, aber es
gab eben auch diese wunderbare Rettung.
Auch diese Geschichte wurde unzählige Ma-
le erzählt, auch hierüber wurden Bücher geschrieben und Filme
gedreht. Es scheint, als wären gerade die Sterbegeschichten dieser
Welt durchzogen von kleinen und manchmal auch größeren Wundergeschichten.

> Es scheint, als wären ge-
> rade die Sterbegeschich-
> ten dieser Welt durch-
> zogen von kleinen und
> manchmal auch größeren
> Wundergeschichten.

So viele persönliche Wundergeschichten

Und es geht weiter mit den Wundern. Als ich auf Facebook einmal
nach Wundergeschichten fragte, haben mir viele geschrieben. Ich
kann ihre Geschichten gar nicht alle aufzählen. Bewegende Erfahrungen sind dabei. Menschen erleben überraschende Besserung in
Krankheitszeiten, manchmal auch Heilung. Vergebung von großer
Schuld, einen Neuanfang. Menschen erleben es, Kinder zu bekommen nach längst diagnostizierter Unfruchtbarkeit. Versöhnung
nach tiefem Streit. Gerettet zu werden bei einem schweren Unfall
und danach ein neues Leben zu beginnen, Gott im Krankenhaus zu
begegnen und das Leben ganz neu anzunehmen. Einige Menschen,
die mir schrieben, verweisen auch auf gemeinsame Erfahrungen,
die eine ganze Generation teilt, etwa die der Wiedervereinigung
beider deutscher Staaten. Eine Familie erzählt ihre Geschichte einer
persönlichen Ost-West-Vereinigung, sie war in der DDR aufgewachsen, er in der alten Bundesrepublik – heute sind sie verheiratet und

haben eine Familie. Persönliche Wundergeschichten – es gibt so viele. Wir sollten sie mehr erzählen, unsere Wundergeschichten. Sie machen das Leben reich, und sie stärken unser Vertrauen darauf, dass sie wirklich immer wieder geschehen. Und sie öffnen uns die Augen für die Wunder, die uns umgeben, die Wunder der Schöpfung, die Wunder, die uns geschenkt sind in unseren Beziehungen und Freundschaften, auch für das Wunder der Liebe. Und für das Wunder der Freiheit und des Friedens. Oder ist es etwa kein Wunder, dass wir in Deutschland seit 70 Jahren im Frieden leben?

Wunder sind nicht nur »die guten Zufälle«

Seit Jesus auf diese Erde kam und die Wege von Menschen gekreuzt hat, sind Wunder nicht nur »die guten Zufälle« des Schicksals, die unwahrscheinlichen und daher seltenen Ereignisse, die sich vom normalen Wahnsinn abheben. Seit Jesus da ist, haben Wunder eine andere Kraft und einen anderen Grund. Die Wunder, die Jesus tut, sind Zeichen. Sie weisen darauf hin, dass diese Welt nicht sich selbst überlassen ist und von einer Katastrophe in die nächste taumelt. Nein, es gibt einen, der diese Welt verändert. Es gibt einen, der es gut macht. Es gibt ein Ziel für diese Welt und für unser Leben. Es gibt Rettung aus der Not. Gerade dann, wenn alles verloren erscheint, wenn es keine Aussicht gibt, dass sich jemals etwas von selbst zum Guten wendet.

Alle Farben sind ihm fremd

Von so einer Not-Wendung erzählt uns Johannes im 9. Kapitel seines Berichts. Jesus sorgt tatsächlich wieder einmal für Aufsehen. Und das buchstäblich. Er geht mit seinen Jüngern durch die Straßen von

Jerusalem. Dabei sieht er einen Menschen, der bereits blind geboren ist. Er hat noch nie den Himmel gesehen, noch nie Straßen, Bäume und Häuser. Noch niemals hat er einem Menschen ins Gesicht gesehen. Er weiß nicht, welche Farben die Augen von Menschen haben. Das Rot der Rosen, das Weiß des Schnees, das Blau des Himmels, das Grün des Grases, das Gelb und Braun der Wüste – alle Farben sind ihm fremd. Seine Welt ist nicht nur schwarz-weiß, sie ist schwarz. Einfach nur dunkel. Er sieht nichts. Was kann sich ein Mensch eigentlich vorstellen, wenn er noch nie etwas gesehen hat? Was kann er denken, wenn er keine Anschauung der Dinge und der Menschen hat? Es ist unvorstellbar, was er sich vorstellen kann und was nicht.

Jesus sieht ihn. Johannes betont das auffällig: Der Blinde kann Jesus nicht sehen, nicht wahrnehmen, nicht erkennen – aber Jesus ihn. Jesus bleibt stehen. Er geht nicht vorbei, wie alle die andern, für die der Bettler schon zum Straßenbild gehört wie Pflastersteine und Pferdedreck. Er schaut nicht blind über ihn hinweg und geht weiter wie so viele. Allein, dass Jesus ihn ansieht, gibt ihm Ansehen. Ein Stück Würde, das jedem Menschen gebührt.

Allein, dass Jesus ihn ansieht, gibt ihm Ansehen.

Seine Gefährten fabulieren über mögliche Sünden des Bettlers selbst oder seiner Eltern, die Grund seines Schicksals sein könnten. Jesus weist allein die Frage zurück: Wie es uns geht, was uns ereilt, das ist nicht einfach eine Konsequenz des Schicksals oder eine Strafe Gottes. Wer einen solchen Zusammenhang herstellt von Krankheit und Schuld, folgt nicht den Gedanken Gottes, sagt Jesus. Vielmehr soll sich gleich zeigen, was Gott eigentlich will. Sein Ansinnen soll offenbar werden. Es soll hell werden im Dunkeln. Jesus ist als ein Licht in die Welt gesandt. Was das bedeutet, soll der Blinde erleben.

Der Blinde bekommt einen Auftrag

Interessant ist: Dieses Mal wird der Kranke in die Heilung miteinbezogen. Jesus spuckt auf die Erde, formt einen Brei aus Speichel und Sand und streicht diesen auf die Augen des Blinden. Jetzt bekommt er den Auftrag, sich zu waschen. Er soll zum Teich Siloah gehen, um sich dort die Augen auszureiben. Das tut er. Er lässt sich senden. Er tastet sich immer noch blind und mit verschmierten Augen durch die Gassen bis zum Teich. So lässt er sich hineinnehmen in das Wunderwirken Gottes. Das ist bezeichnend, denn der Teich steht mit seinem Namen dafür: »Siloah« heißt »gesandt«: Wenn ein Mensch sich von Jesus senden lässt, kann er Wunder erleben. Genauso geschieht es: Der Mann kommt zurück und sieht.

Zum ersten Mal in seinem Leben kann er sehen. Er sieht, wie Menschen aussehen. Er kann den Geräuschen und Gerüchen, die bisher seine Welt geprägt haben, Bilder zuordnen. Irgendwann wird er zum ersten Mal in den Spiegel sehen und sich selbst erkennen – oder hat er schon beim Waschen im Teich sein Spiegelbild entdeckt? Als er den Dreck abgewaschen hat, als es zum ersten Mal hell wurde, als er nach langem Blinzeln zum ersten Mal die Augen offen halten konnte, geblendet von dem für ihn so fremden Licht. Ob er sich da schon gesehen hat im Wasser, als die Wellen sich beruhigten? Wir wissen es nicht. Aber er wird gleich bezeugen, wer er ist: der Blinde, der jetzt sehen kann. Als andere ihren Augen nicht trauen und sich fragen, ob er wirklich der ist, der da saß und bettelte, sagt er: »Ja, ich bin's.«

> Wenn ein Mensch sich von Jesus senden lässt, kann er Wunder erleben.

Streit um Jesus

Er ist glücklich. Er ist gesund. Er ist begeistert. Und in Jerusalem ist er das Stadtgespräch. »Der Blinde kann sehen«, und die Leute sehen ihn. Aber anstatt, dass sie sich mit ihm freuen, entbrennt ein Streit um Jesus in Jerusalem: Wer ist dieser Mann, der am Sabbat – wieder am Sabbat – einen Kranken heilt? – Die religiösen Leiter erkennen nicht, dass der Feiertag für den Menschen da ist, ihm zugute. Sie sehen einen Konkurrenten aufkommen, sie fürchten einen Mann, der heilen kann und offensichtlich mehr Macht hat als sie selbst. Sie sinnen danach, wie sie ihn schlechtmachen, seinen Ruf schädigen und beseitigen können. Sie denunzieren ihn als Sünder. Aber der Geheilte kann nur sagen: Er hat mich geheilt, der Mann, der Jesus heißt. Er kennt ihn gar nicht näher. Er kann gar nichts weiter sagen, aber er muss ein Prophet sein, einer, der von Gott gesandt ist. Wer außer Gott vermag denn, Licht zu schaffen und ihm sein Augenlicht zu geben? Für ihn ist dieser Tag, an dem er zu sehen beginnt, so etwas wie der erste Schöpfungstag. Gott sprach: Es werde Licht, und es ward Licht ...

Die Eltern des Blinden bestätigen, dass es ihr Sohn sei, der blind war und jetzt sieht. Das Wunder wird bezeugt und belegt. Es lässt sich nicht aus der Welt schaffen. Aber die Gelehrten und die Gesetzeshüter verhören ihn wieder: Er soll bitteschön sagen, dass dieser Jesus ein Sünder sei. – Das wisse er nicht, meint er nur. Er wisse nur, dass er blind war und jetzt sehen könne. Ob er ihnen sagen könne, wie er geheilt worden sei. Das habe er doch bereits erzählt, antwortet er. Ob sie es nicht gehört hätten? Wozu sie es nochmals hören wollten? Ob sie womöglich auch diesem Jesus folgen und angehören wollten?

Wer wirklich blind ist

Diese unschuldige Frechheit lassen sich die Oberen nicht gefallen. Sie schließen ihn aus der Synagoge aus, also aus der Gemeinschaft der Gläubigen. Dabei müssten sie doch wissen, wer Jesus ist. Sie müssten ihn doch erkennen. Gerade sie, die die Schriften des Alten Testamentes in- und auswendig kennen, müssten doch sehen, dass Jesus der verheißene Retter ist, der Blinde heilt und Lahme gehen lässt, so wie es die alten Propheten vor Jahrhunderten angekündigt hatten (zum Beispiel in Jesaja 35,5f). Aber sie sehen es nicht. Sie sind mit Blindheit geschlagen. Sie verkennen, wer Jesus ist. Und wir merken, wie sich die Lage für Jesus immer mehr zuspitzt. Es ist eine weitere Eskalation der Ereignisse, die letztlich dazu führen wird, dass Jesus hier in Jerusalem hingerichtet werden wird.

Wer ist Jesus für Sie?

Darf ich Ihnen an dieser Stelle einmal diese Frage stellen. Denn es ist die Frage, um die es bei all den Wundern und Zeichen, die Jesus tut, letztlich geht: Wer ist dieser Mann? Was bedeutet er für uns? – Dabei reicht es nicht, dass wir nur nachsprechen, was wir aus der Bibel wissen und oder was wir da oder dort gehört haben. Es ist eine zutiefst persönliche Frage: Was bedeutet Jesus Christus für Sie?

Wir können etwas sagen über unsere Eltern, unsere Kinder, unsere Freunde. Über Menschen, die uns etwas bedeuten, können wir etwas Wertschätzendes und Würdigendes sagen, Verbindendes und Abgrenzendes. Was können Sie persönlich über Jesus sagen?

Versuchen Sie einmal, das in Worte zu fassen …

Der größte Augenblick kommt erst noch

Aber das eigentliche Wunder ist noch gar nicht geschehen. Das folgt erst bei der zweiten Begegnung, die dieser Mann mit Jesus hat. Es kommt selten vor, dass uns das berichtet wird. Aber hier sucht Jesus den Exblinden wieder auf, nachdem er hört, dass dieser aus der Synagoge ausgeschlossen wurde. Er will von ihm wissen, was geschehen ist. Und er will ihm begegnen, dieses Mal mit offenen Augen. Er will sich ihm zeigen, will ihn sehen lassen, wer er wirklich ist.

»Glaubst du an den Menschensohn?«, fragt ihn Jesus.

Jesus fragt nicht, ob der Mann ihn gut findet, ob er ihm dankbar ist, ob er ab jetzt jeden Tag ein T-Shirt tragen würde mit der Aufschrift: »Jesus hat mich geheilt.« Jesus fragt ihn nach seinem Glauben. Und nach seiner Stellung zu ihm. Denn *er* ist der Menschensohn. – Der Menschensohn ist, wie wir eingangs schon gesehen haben, der erwartete endzeitliche Retter Israels, der Richter der Welt, der von Gott gesandte Heilsbringer. – Diese Frage hat es in sich. Der Mann weiß gar nicht, was er darauf sagen soll. Er würde ja gerne an ihn glauben, aber dazu muss er ihn erst einmal kennen:

»Wer ist es denn? Sag es mir, dann kann ich an ihn glauben …«

»Du hast ihn gesehen«, sagt Jesus. »Der, der mit dir redet, ist es.«

Natürlich! Er hat ihn gesehen. Er hat ihn vor Augen. Er kann doch sehen. Zuerst hat ihm Jesus die Augen geöffnet, dass er sehen kann. Jetzt öffnet er ihm die Augen des Herzens, dass er glauben kann. Das ist das eigentliche Wunder. Denn der Geheilte kommt zum Glauben und sagt: »Herr, ich glaube.« Und er betet Jesus an.

»Mein Gott, Jesus!« – Das war der Ausruf des Staunens und Entsetzens, als er zum ersten Mal sehen konnte. »Mein Gott, Jesus!« – Das ist jetzt sein Gebet. Er erkennt in Jesus den Sohn Gottes. Er erkennt, wer Jesus wirklich ist, und darin zugleich sich selbst.

Auf die Begegnung mit Jesus kommt es an

Sehen Sie, auf diese Begegnung mit Jesus kommt es an. Da geht es uns genauso wie dem Blinden. Nicht wir sind es, die Jesus finden und erkennen. Er sieht uns. Er findet uns. Er bleibt bei uns stehen. Die größte Blindheit unseres Lebens ist es, Jesus als unseren Retter zu verkennen und ihm zu misstrauen. Von Natur aus sind wir blind. Von uns aus, aus eigener Kraft, können wir gar nicht an Jesus glauben, zu ihm kommen und ihn erkennen. Aber Jesus begegnet uns. Gerade auch durch so eine Wundergeschichte. Plötzlich steht er auch vor uns so wie vor diesem Mann. Mit einem Mal sehen wir ihn. Jetzt ist die Zeit, zu glauben und es von Herzen zu sagen: »Mein Gott, Jesus!«

> Die größte Blindheit unseres Lebens ist es, Jesus als unseren Retter zu verkennen und ihm zu misstrauen.

DU BIST DAS LICHT

Die Nacht hat die Farben grau gemacht.
Die Welt ist in Dunkel getaucht.
Allein hat die Freude ausgelacht.
Kein Mensch, der niemanden braucht.

> Du bist das Licht, das mein Herz berührt.
> Du reichst mir die Hand, die mich weiterführt.
> Du hältst mich fest und du hältst mich aus.
> Du bist für mich da, und ich bin zu Haus'.

Die Angst hat die Weite eng gemacht.
Die Türen zum Leben geh'n zu.
Allein hat das Hoffen ausgelacht.
Kein Mensch, der lebt ohne Du.

> Du bist das Licht, das mein Herz berührt.
> Du reichst mir die Hand, die mich weiterführt.
> Du hältst mich fest und du hältst mich aus.
> Du bist für mich da, und ich bin zu Haus'.

Der Herbst hat die Sonne kalt gemacht.
Der Baum, der die Blätter verliert.
Schon bald hat das Leben ausgelacht.
Kein Mensch, der im Dunkeln nicht friert.

> Du bist das Licht, das mein Herz berührt.
> Du reichst mir die Hand, die mich weiterführt.
> Du hältst mich fest und du hältst mich aus.
> Du bist für mich da, und ich bin zu Haus'.

WUNDER 7:
WENN EINE MUMIE AUS DEM GRAB STEIGT

oder:

Warum wir immer wieder
neu anfangen können

»Rollt den Stein fort«, befahl Jesus. Doch Marta, die Schwester des Verstorbenen, wandte ein: »Herr, inzwischen wird der Gestank schrecklich sein, denn er ist schon seit vier Tagen tot.« Jesus erwiderte: »Habe ich dir nicht gesagt, dass du die Herrlichkeit Gottes sehen wirst, wenn du glaubst?« Da rollten sie den Stein beiseite. Dann blickte Jesus zum Himmel auf und sagte: »Vater, ich danke dir, dass du mich erhört hast. Ich weiß, dass du mich immer erhörst, doch ich sage es wegen der vielen Menschen, die hier stehen, damit sie glauben können, dass du mich gesandt hast.« Dann rief er mit lauter Stimme: »Lazarus, komm heraus!« Und Lazarus kam heraus.

Johannes 11,39-44a

Alles hat ein Ende. Ein Fußballspiel endet nach 90 Minuten. Ein Schultag endet nach vier, sechs oder acht Stunden. Die Schulzeit endet nach neun, zehn oder zwölf Jahren, manche verlängern auch um ein, zwei Jahre. Eine Arbeitswoche endet nach 40 oder 50 oder 60 Stunden, jedenfalls sollte sie nach längstens sechs Tagen zu Ende sein. Der Urlaub endet nach zwei oder drei, selten erst nach vier Wochen. Alles geht zu Ende.

Das gilt auch für viel Schönes im Leben, für tolle Erlebnisse und eindrückliche Ereignisse. Das, woran wir uns gerne erinnern, ist meist viel zu schnell vergangen. Wir reden ja nicht umsonst von Glücksmomenten. Es gibt das Glück des einen Augenblicks. Wir können es nicht festhalten, nicht verlängern, nicht konservieren, nicht einfrieren, einpacken und wieder auspacken.

Es ist nur ein Moment. Und es ist die alte Erfahrung, dass eine Minute beim Zahnarzt länger sein kann, als ein dreistündiger Abend mit guten Freunden bei einem guten Essen. Wie lang uns etwas vorkommt, ist sehr unterschiedlich. Zeit ist relativ, aber eben endlich.

Auf einmal ist es vorbei

Das gilt auch für unsere Beziehungen, etwa für Freundschaften. Viele gehen irgendwann zu Ende. Nur wenige halten ein Leben lang. Vielleicht haben Sie das auch schon erlebt: Sie sind umgezogen in eine andere Stadt. Ein neuer Wohnort, eine neue Schule, neue Leute – so ein Wechsel kann ganz schön tief greifen. Klar können Sie mit Freunden in Kontakt bleiben, Facebook und viele andere Medien machen es möglich. Man kann sich besuchen, aber es ist doch anders. Freundschaften laufen aus, enden irgendwann … Es muss nicht mal ein Umzug sein. Es kann auch eine Enttäuschung sein, ein Streit, oder man wird sich einfach nur fremd.

Irgendwann merkt man: Ein Lebensabschnitt geht zu Ende. Die Kindheit ist vorbei, die Schulzeit, die Jugendzeit. Irgendwann gehörst du nicht mehr zu den jungen Erwachsenen, plötzlich bist du über 40, auf einmal wirst du 50, und der erste Gedanke an den Ruhestand meldet sich schon einmal ganz leise. Vielleicht ist auch die Zeit der Gesundheit vorbei, eine Ehe zerbricht, die Kinder gehen aus dem Haus. Immer wieder erleben wir das: Es geht etwas zu Ende.

Vor einiger Zeit habe ich eine alte Kiste ausgeräumt. Ich weiß gar nicht, wie lange dieser Karton in meinem Abstellraum stand. Seit Jahren blieb er unberührt, wurde höchstens mal von einer Ecke in die andere geräumt. Was war das für ein Gefühl, als ich sie aufgemacht habe, die alte Schatzkiste. Sie war gefüllt mit alten Schulheften aus meiner Grundschulzeit. Und Fotos waren da zu finden – Mensch, wie man früher fotografiert hat! Alte Spielsachen habe ich wiederentdeckt. Kindertage leuchteten mit einem Mal wieder in meinem Gedächtnis auf. Ich konnte sie wieder riechen, die alten Matrizenabzüge aus der Schulzeit, ich sah Klassenkameraden wieder vor mir, alte Lehrer, einzelne Szenen meines Schülerdaseins. Irgendwie wurde mir warm ums Herz.

Immer wieder Abschied nehmen

Tja, von diesen Tagen habe ich mich schon lange verabschiedet, wenn auch nicht bewusst. Jede Lebensphase und jede Ära gehen einmal zu Ende. Das erleben ja auch die Großen dieser Welt: Auch ein uralter Jopi Heesters musste irgendwann Abschied nehmen. Gottschalk hat Abschied genommen von »Wetten, dass...?«, irgendwann danach haben auch wir uns von »Wetten, dass...?« verabschiedet. Sportler beenden ihre Karriere, Politiker treten zurück, selbst Könige danken ab. Irgendwann ist Zapfenstreich, Abschied, finito.

Manches Ende ist ein Anfang

Das muss sein, damit etwas Neues beginnen kann. Abschiede gehören zum Leben dazu, schmerzliche, weniger schmerzliche, aber auch erleichternde. Manches Ende ist ein Anfang. Manchmal ist es aber auch tragisch, einfach nur furchtbar, und wir sind selbst am Ende. Nichts geht mehr. Wir sehen nicht mehr weiter. Wir wissen nicht weiter. Wir sind geschafft, frustriert oder resigniert – eben am Ende. Was ist dann? Ist das dann eben so? Müssen wir uns damit abfinden? Bedeutet Leben nur, das Ende hinauszuzögern? Ist einfach Schluss?

Ich will Ihnen von einem Mann erzählen, der am Ende ist. Lazarus heißt er. Johannes erzählt seine Geschichte im elften Kapitel seines Evangeliums. Lazarus ist einer der besten Freunde von Jesus. Er hat noch zwei Schwestern, Maria und Marta, die auch eng mit Jesus befreundet sind. Bei ihnen geht Jesus ein und aus. Immer wieder besucht er sie in Bethanien, einem Dorf nahe bei Jerusalem, oder sie sind mit ihm unterwegs. Ihr Haus war für Jesus so etwas wie ein zweites Zuhause. Sie waren eng verbunden, pflegten eine wertvolle

Beziehung. Sie hatten einander lieb, schreibt Johannes. Eine ganz herzliche Freundschaft.

Dann wird Lazarus krank. Was er hat, wissen wir nicht. Klar ist, es ist nicht nur ein Schnupfen, eine Grippe, ein Virus. Es ist etwas Ernstes. Er kann nicht mehr aufstehen. Er liegt einfach da. Lazarus ist richtig fertig, und wenn nichts Entscheidendes geschieht, dann steht ihm das Ende bald bevor. Seine Schwestern merken das: Sie geraten in Panik. Sie müssen etwas tun. Sie haben Angst. Sie rufen nach Jesus. Nach wem sonst! Er ist doch der Wundertäter, der helfen und heilen kann. Er hat doch schon oft geholfen und für viele so viel Gutes getan. Jetzt muss Jesus her! Aber – der ist nicht da.

Wenn man Jesus am dringendsten braucht, ist er nicht da

Jesus befindet sich gerade in einem anderen Landesteil. Er ist ja oft unterwegs – um zu predigen, um Menschen zu begegnen und ihnen zu sagen, dass Gott da ist und sie liebt und etwas Neues beginnt. Um zu heilen und gesund zu machen, um den Leuten zu zeigen, dass er der Sohn Gottes ist. Jesus ist also nicht da, und es wird Tage dauern, bis er eine Mitteilung erhält. Er hat ja kein Handy, kein Telefon, keinen Zugang zu irgendwelchen Nachrichtendiensten. Ein Bote muss gesandt werden und losreiten, Jesus auftreiben und ihn herbringen. In dieser Zeit kann schon alles zu spät sein.

Das ist eine bittere Erfahrung: Wenn du Jesus am dringendsten brauchst, ist er nicht da. Gerade die engsten Freunde von ihm erleben das. Warum nur? Das darf doch nicht wahr sein! Die müssten doch zuallererst Wunder erleben. Wer, wenn nicht sie, hätte es verdient! – Gut, erarbeiten kann man sich ein Wunder nicht, und es gibt wohl niemanden, der oder die ein Wunder verdient hätte. Aber irgendwie empfände man das doch als angemessen, wenn die engsten Vertrauten erleben dürften, dass ihr Freund wirklich da ist, wenn man ihn braucht. Nur, sie erfahren das Gegenteil. Bis heute. Bis in unsere Tage hinein erleben es gerade die Christen auf ganz dramatische Weise, die sich etwa in islamistisch geprägten Ländern zu Jesus bekennen. Sie werden verfolgt und verjagt, manchmal bis aufs Blut. Gott könnte doch ein Wunder tun, zum Zeichen für die Terroristen. Er könnte doch seine Macht zeigen, aber er tut es nicht. Was für ein Glaubenskampf für die Freunde von Jesus. Und was ringen auch Christen in Deutschland, wenn sie krank werden und einfach nicht verstehen, warum Jesus nicht kommt und eingreift.

> Gott könnte doch ein Wunder tun. Er könnte doch seine Macht zeigen, aber er tut es nicht.

Marta und Maria können es auch nicht verstehen. Sie bangen und zittern. Hoffentlich erreicht der Bote Jesus rechtzeitig! Hoffentlich reicht es ihm, noch herzukommen. Hoffentlich kommt er nicht zu spät. Aber was macht Jesus, als er die Nachricht empfängt? – Er hört die Mitteilung und bleibt entspannt. »Die Krankheit ist nicht so dramatisch. Er wird nicht daran sterben«, sagt er und bleibt noch – sage und schreibe – zwei Tage dort, wo er ist.

Ungeheuerlich und ungehörig

Das ist ungeheuerlich! Es scheint, als sei ihm alles egal und Lazarus sei ihm völlig gleichgültig. Unvorstellbar! Jesus und Lazarus – das waren dicke Freunde. Fast Brüder. Aber Jesus kommt nicht. Selbst wenn er Lazarus nicht heilen können sollte, müsste er doch jetzt losgehen. Das gehört sich doch für einen Freund. Einfach, um bei ihm und bei der Familie zu sein. Und sei es nur, um beim Sterben dabei zu sein oder wenigstens zur Beerdigung. Das macht man als enger Weggefährte, als Mensch. Und als Sohn Gottes, der Wunder tun kann, macht man das doch erst recht.

Erst nach zwei Tagen geht Jesus los. Es ist eine längere Reise. Als er in Bethanien ankommt, ist Lazarus tot. Vier Tage schon ist er begraben. Jesus ist viel zu spät, und er weiß es sogar: Es ist alles aus. Alles vorbei. Alles am Ende. Marta und Maria – sie haben ihre Tränen schon ausgeweint.

Maria begrüßt Jesus nicht. Sie bleibt zu Hause sitzen. Sie ist tief-traurig über den Verlust ihres Bruders, und sie ist tief enttäuscht von Jesus. Frustriert, mehr noch: verletzt, verstört. Sie versteht nicht, warum er nicht früher gekommen ist. – Marta geht ihm entgegen, hinaus vor das Dorf, als sie hört, dass er kommt. Sie ist wütend. Auch sie ist verletzt. Aber sie zieht sich nicht zurück wie Maria. Sie stellt Jesus mitten auf der Straße zur Rede.

Tief enttäuscht von Jesus

Vielleicht schreit sie ihn an, vielleicht weint sie nur leise, vielleicht schlägt sie auch mit Fäusten auf ihn ein. Wut, Trauer, Schmerz – in jedem Fall ist sie tief bewegt, als sie Jesus anspricht:

»Wo warst du denn? Wenn du hier gewesen wärst, dann wäre Lazarus nicht gestorben.«

Schwingt da eine Anklage mit? In jedem Fall hat sie volles Ver-trauen zu Jesus und weiß, er hätte das verhindern können. Er steht für das Leben. Sie hat sogar das kühne Vertrauen, dass Jesus auch jetzt noch Wunder tun kann, weil er eine einzigartige Beziehung zu Gott, dem Vater, hat.

»Auch jetzt weiß ich: Was du von Gott bittest, das wird er dir geben.«

Dennoch kann sie sich überhaupt nicht vorstellen, was wenig später geschehen wird.

Wunder nicht auf Bestellung

Ehrlich gesagt, ich glaube, gerade Menschen, die mit Jesus in besonderer Weise verbunden sind, machen diese Erfahrung: Sie fühlen sich enttäuscht und verlassen von Jesus. Einfach im Stich gelassen.

Sie rufen, aber Jesus kommt nicht. Sie wissen und glauben, dass er Wunder tun kann, aber er tut sie nicht. Gott kann Wunder tun – und er tut sie auch. Bis heute. Davon bin ich zutiefst überzeugt, und das habe ich schon oft erfahren und miterlebt. Und zugleich ist Gott frei. Er tut seine Wunder nicht auf Bestellung. Nicht, wenn wir es verfügen und erbitten oder auch nur wünschen. Gott lässt wachsen und vergehen, er gönnt uns Schönes und mutet uns Schweres zu. Er nimmt uns aus dieser Welt nicht heraus und versetzt uns in den Himmel. Nein, wir sind noch auf dem Weg, und so lange werden wir die Last des Weges an unserem Leib und an unserer Seele spüren.

> Gerade Menschen, die mit Jesus in besonderer Weise verbunden sind, machen diese Erfahrung: Sie fühlen sich enttäuscht und verlassen von Jesus.

Es ist erstaunlich: Trotz allem hat Marta ein großes Vertrauen zu Jesus. Auch jetzt rechnet sie damit, dass bei Jesus eigentlich nichts unmöglich ist, und ahnt doch nicht, was ihm alles möglich ist. Marta glaubt an ihn, auch wenn ihre Welt zusammengebrochen ist. Sie hofft immer noch, dass er ihnen jetzt hilft. Maria und Marta, die beiden Schwestern allein, wären doch aufgeschmissen ohne Mann im Haus. Wer sorgt jetzt für sie? Damals war das eine existenzielle Frage. Marta zählt immer noch auf Jesus, aber sie denkt dabei noch viel zu klein von Jesus und seinen Möglichkeiten.

»Ich bin das Leben«

Jesus sagt: »Dein Bruder wird auferstehen.«

Klar, denkt Marta und sagt: »Ja, am Jüngsten Tag.« Am Ende der Zeit, meint sie, dann werden wir alle auferstehen.

Daraufhin sagt Jesus eines seiner sieben Ich-bin-Worte: »Ich bin die Auferstehung und das Leben. Ich bin es, Marta.

Wer an mich glaubt und sich mir anvertraut, wird leben, auch wenn er stirbt;

und wer lebt und an mich glaubt, wird nie mehr sterben.«

Marta denkt an die allgemeine Erwartung, dass die Toten auferstehen werden, an ein Leben nach dem Tod, an den Himmel. Sie glaubt das, was eigentlich die meisten für wahr halten. Das ist die allgemeine Annahme und Vorstellung ihrer Umwelt. Aber Jesus geht es nicht um irgendeine Erwartung, eine allgemeine Auferstehungshoffnung. Es geht ihm um den Glauben an ihn persönlich. Er lenkt ihren Blick weg von allgemeinen vagen Hoffnungen auf sich selbst.

Es geht im christlichen Glauben bis heute nicht um allgemeine Vorstellungen und Erwartungen. Es geht nicht darum, dass wir gemeinsam das eine für etwas plausibler halten als das andere, dass wir ein Weiterexistieren nach dem Tod irgendwie für wahrscheinlicher halten, als einfach nur für immer und ewig ganz weg und ganz tot zu sein. So kämen wir nie zu Gewissheiten. Das wären letztlich alles nur Spekulationen und subjektive Einschätzungen. Zu glauben heißt aber viel mehr, nämlich dass wir ganz auf Jesus sehen und erwarten, mit ihm zu leben. Es geht darum, dass wir uns mit allem, was wir sind und haben, auf Jesus ausrichten. Leben haben wir nur durch ihn. Das sagen wir freilich nach Ostern, nachdem Jesus selbst vom Tod auferstanden ist. Johannes hat diese Geschichte auch nach Ostern aufgeschrieben. Marta beginnt aber schon vor Ostern, ihre Hoffnung zaghaft, aber doch entschlossen auf Jesus zu setzen:

»Ja, Herr, ich glaube, dass du der Christus bist, der gesalbte Hoff-nungsträger, den Gott gesandt hat. Ich glaube, dass du der Sohn Gottes bist, und dass du vom Himmel in diese Welt hineingekommen bist. Ich vertraue dir, Jesus. Ich hoffe ganz auf dich.«

Nicht verstehen und doch vertrauen

In aller Schwachheit und Trauer sagt sie das. Mit Zittern in der Stimme und Zweifel im Denken, aber mit dem Mut des Vertrauens im Herzen. So wird Marta uns zum Vorbild: Sie verlässt sich auf die Zusage von Jesus. Sie vertraut wieder ganz seinem Versprechen. Sie glaubt einfach seinem Wort. So beginnen alle Glaubensgeschichten, und so beginnen Wundergeschichten.

Glauben bedeutet nicht, Wunder zu sehen. Glauben heißt immer zuerst und immer wieder neu, auf Jesus zu hören. Das haben wir schon einmal festgehalten. Immer wieder entdecken wir das in den Wundererzählungen des Johannes. Jesus wird es später unterstreichen, wenn er sagt: »Selig sind, die nicht sehen und doch glauben« (Johannes 20,29).

Marta versteht vieles nicht, aber sie vertraut auf Jesus. Sie begreift etwas Wesentliches: Ihr Bruder ist tot, aber Jesus steht draußen auf der Straße und sagt, er sei das Leben. Alles ist am Ende. Aber Jesus sagt, er sei der Anfang ... Als ihr das aufgeht, ist sie wie elektrisiert. Etwas reißt sie aus aller Lethargie, die die Trauer über ein Leben legen kann. Sie macht auf der Stelle kehrt, lässt Jesus und seine Gefährten stehen, läuft zurück zu ihrem Haus und ruft ihre Schwester Maria.

»Maria, komm! Jesus ist da. Er ruft dich.«

Jetzt steht auch sie auf, kommt sofort heraus und geht auf Jesus zu. Sie fällt vor ihm nieder auf die Knie und sagt wie vorher schon Marta:

»Wärst du vorher da gewesen, dann wäre mein Bruder nicht gestorben.«

Auch hier diese eigenartige Mischung aus Vorwurf und Vertrauen. Maria weint. Die Schleusen ihrer Seele brechen auf. Und: Jesus weint auch. Er kann es nicht mit ansehen, ohne zutiefst gerührt zu sein. Aber er weint nicht nur mit Maria oder über ihr Leid, er weint über das Sterben, den Schmerz, die Abgründigkeit des Todes. Es sind Tränen der Trauer und der Wut. Jesus findet sich mit dem Tod nicht ab. Er nimmt ihn nicht einfach als schicksalhaft hin. Alles in ihm sträubt sich dagegen.

Zeigt der Tod Jesus die Grenzen auf?

Es ist einer der intimsten Momente, die Johannes von Jesus erzählt. Er lässt uns in sein Herz sehen, und uns wird dabei etwas vom Wesen Gottes deutlich. Er ist nicht ungerührt fernab im Himmel. Mitten im Sterben und in der Trauer ist er da und leidet mit. Er kennt und fühlt den Schmerz. Und er tut etwas dagegen. – Jesus geht mit Marta und Maria zum Grab.

Die Leute stehen daneben, beobachten die Szene und tuscheln: Er muss ihm sehr nahegestanden haben, meinen sie. Er muss ihn geliebt haben. Aber so ist es eben, Blinden hat er die Augen geöffnet, aber seinem Freund konnte er offensichtlich nicht helfen. Jetzt also kommt auch Jesus an seine Grenzen, meinen sie. Der Tod setzt ihm die Grenze, so wie er jedem Menschen die Grenze setzt. Ist das wirklich so? Lässt sich Gott vom Tod begrenzen? – Von wegen! Jesus zittert und wird zornig. Nein! Umgekehrt muss es sein: Er selbst wird dem Tod seine Grenzen aufzeigen. Er selbst wird ihm die Macht nehmen. Das Leben ist stärker als der Tod. Am Ende ist das Leben stärker. Aber dass die Geschichte so ausgeht, nicht nur diese, sondern die Geschichte aller Menschen – das kostet ihn alles.

In diesem Moment spürt Jesus: Es geht um alles. Und alles entscheidet sich an ihm.

Es ist ein Höhlengrab. Ein Stein verschließt die Höhle. Jesus lässt den Stein wegrollen. Marta will ihn zurückhalten. »Nein, Jesus, das ist keine gute Idee. Das ist zu spät. Die Verwesung hat schon begonnen. Du kannst ihn nicht mehr sehen und nicht mehr salben. Vier Tage liegt er schon da drinnen. Er ... er stinkt schon.«

So drastisch schildert es Johannes, so unappetitlich konkret. Und Marta hat doch recht: Es ist aus, will sie sagen. Vorbei. Nichts geht mehr. Lass uns auf den Jüngsten Tag hoffen, Jesus! Dann wird er leben, unser Lazarus. Aber jetzt lass ihn ruhen, Jesus!

»Habe ich dir nicht gesagt: Wenn du wirklich vertraust, wirst du Gottes Herrlichkeit sehen?«, fragt Jesus zurück.

Gottes Herrlichkeit am Grab? Dort, wo der Tod regiert? Es gibt keinen Ort auf der Welt, wo dieser Gegensatz größer wäre.

Sie rollen den Stein weg. Ein beißender Gestank sticht allen in die Nase. Unverkennbar Verwesungsgeruch. In der Hitze des Tages unerträglich, die Fliegen, die Maden, die Würmer ... Sie wenden sich ab. Das hält kein Mensch aus.

Jesus hebt die Augen zum Himmel und betet. Er dankt Gott. So, wie er das vor dem Essen tut. Er dankt für etwas, das er empfängt. Wäre jetzt nicht Schweigen angesagt? Andächtiges Schweigen im Angesicht des Todes? – Aber Jesus redet im Angesicht Gottes!

Er spricht so, wie einst der Schöpfer die Welt und alles Leben ins Dasein rief. Er ruft Lazarus mit Namen, laut, unüberhörbar für alle Umstehenden. Nur einer kann es natürlich nicht hören, der Angesprochene selbst, Tote können nicht mehr hören ... was für ein absurder Ausruf, was für ein widersinniges Schauspiel:

»Lazarus, komm heraus!«

Doch Lazarus kommt.

Die einzige Mumie, die jemals zurückkam

Mit einem Mal zeichnet sich die Kontur eines Menschen am Eingang der Grabhöhle ab. Er steht im Schatten des Eingangs. Kann kaum gehen. Die Füße und Hände sind festgebunden. Grabtücher hüllen den Körper ein. Wie konnte er überhaupt aufstehen? Wie kann er gehen? Wieso hört er auf seinen Namen? – Das Wort von Jesus muss ihn zum Leben erweckt haben.

Ein Schweißtuch verhüllt sein Gesicht. Keine Frage, da kann man schon ins Schwitzen kommen. Das kann kein Mensch begreifen. Niemand kann erfassen, was sie hier miterleben. Sie staunen. Sie starren ihn an. Langsam bewegt er sich vorwärts. Es ist alles wie im Traum. Unwirklich, unglaublich, unfassbar. Der Tote bewegt sich, alle Lebenden sind starr vor Schreck. – Es ist wieder ein Wort von Jesus, das auch sie in Bewegung setzt:

»Nehmt ihm doch die Tücher ab, löst die Binden und lasst ihn gehen.«

Seht ihr nicht, dass er sich schwertut. Jetzt helft ihm doch! – Es ist nicht zu fassen. Die Totengräber werden zu Handlangern des Lebens. Jesus, der Meister, lässt sie anpacken und begreifen, dass das Leben neu beginnt. Lazarus war wirklich am Ende. Aber sein Ende ist ein Anfang.

Nein, so etwas geschieht nicht alle Tage. Jesus hat dieses Wunder getan, damit die Leute damals und wir heute wissen, wer er ist: Er ist der Lebendige. Er ist die Auferstehung und das Leben. Er liebt uns so tief, bis in die Abgründe unseres Todes hinein, und er ruft uns ins Leben. Bitte vergessen Sie nie: Immer wenn Sie am Ende sind, ist Jesus da, um neu mit Ihnen anzufangen.

> Immer wenn Sie am Ende sind, ist Jesus da, um neu mit Ihnen anzufangen.

Gott ist ein leidenschaftlicher Anfänger

Das Zeichen soll uns zeigen: Gott fängt immer wieder mit uns an. Es gibt keinen Endpunkt unseres Lebens, den er nicht zum Startpunkt einer neuen Geschichte machen könnte.

Es kann sein, Sie sind am Ende, weil Sie krank sind, weil Sie leiden und Schmerzen haben, weil Sie viel verloren haben, vielleicht sogar einen wertvollen Menschen – Jesus ist da, er leidet mit und fängt neu mit Ihnen an. Denken Sie an den alten Hiob, der alles verloren hat. Auch seine Geschichte steht im nach ihm benannten Buch der Bibel. Gott hat neu mit ihm angefangen.

Es kann sein, Sie sind am Ende, weil Sie versagt haben, weil Sie schuldig geworden sind an anderen, weil Sie ihnen Wunden zugefügt haben an Leib oder Seele oder beidem – Jesus ist da, bereit zu vergeben und neu mit Ihnen anzufangen. Also machen Sie reinen Tisch! Benennen und bekennen Sie Ihre Schuld vor ihm! Sprechen Sie aus, was Sie belastet! Machen Sie es wie David nach einer großen Schuld, beten Sie wie er in Psalm 51. Gott hat neu mit ihm angefangen.

Es kann auch sein, Sie sind am Ende, weil Sie den Tod vor Augen haben. Wer weiß schon, wann es so weit ist, dass wir Abschied nehmen müssen, und ob wir uns überhaupt angemessen verabschieden können. Wir wissen doch gar nicht, wie weit unser irdisches Ende entfernt ist. – Jesus ist da und wartet auf Sie. Er hat ja nicht nur Lazarus aus dem Grab gerufen. Er ist ja selbst gestorben und wurde begraben und ist auferstanden. Damit hat er dem Tod die Grenzen aufgezeigt. Der Tod hat nicht das letzte Wort. Das letzte Wort hat der Schöpfer des Lebens, der auch das erste Wort gesprochen hat. Sein Wort ist das Wunderwort. Auch wenn Sie sterben, ist das nicht das Ende. Gott fängt wieder neu an mit Ihnen.

Darum ist es meine herzliche Bitte: Schenken Sie doch diesem Wort Vertrauen und fangen Sie heute an, mit Jesus zu leben. Gott ist ein leidenschaftlicher Anfänger. Er ist immer wieder bereit, neu mit Ihnen anzufangen.

Der Grabstein meiner Mutter

In diesem Glauben haben wir auch den Grabstein meiner Mutter gestaltet. Sie ist viel zu früh verstorben. Und doch war ihr Tod eine Erlösung nach langer, schwerer Krankheit. Zusammen mit meinen Geschwistern und meinem Vater mussten wir uns um die Ruhestätte Gedanken machen. Was sollte auf dem Grabstein stehen? – Vor dieser Herausforderung stehen alle Angehörigen früher oder später. Sollen nur die Jahreszahlen dastehen: Geboren und gestorben – zwei Daten, die Anfang und Ende eines Lebens markieren? – Dann wäre der Grabstein ein Schlussstein. Eine Markierung für das Ende. Ein Stein gewordenes »Aus, Ende, vorbei«. Das wäre in Stein gemeißelte Hoffnungslosigkeit. – Wir haben uns für ein Metallkreuz entschieden, das an dem Stein angebracht wurde. In die vier Felder, die die Kreuzesbalken formen, haben wir in den Stein eingravieren lassen: »Jesus lebt, mit ihm auch ich.« In diesem Satz steckt die Hoffnung, die meine Mutter getragen hat und die wir für sie und für uns haben. Diese Worte drücken das Vertrauen aus, das uns hält. Dieser Name steht für alles, was uns im Sterben bleibt und uns leben lässt.

Wie soll Ihr Grabstein aussehen?

Wie ist das eigentlich bei Ihnen: Wissen Sie, was auf Ihrem Grabstein stehen soll? Es ist keine unangemessene Frage. Sie sollten das klären und sich damit auseinandersetzen. Vielleicht nutzen Sie diese Seite für eine kleine Skizze, ein paar Notizen. Vielleicht nehmen Sie dieses Kapitel zum Anlass, um mit Ihren Lieben einmal darüber zu sprechen.

Die Menschen, die Ihnen besonders nahestehen, sollten das wissen; und sie sollten es von Ihnen wissen. Reden Sie einmal darüber. Es ist eine Chance, über Wesentliches ins Gespräch zu kommen. Sich Zeit für das Wesentliche zu nehmen, solange wir hier leben, das ist entscheidend ...

MEIN HERZ STEHT IM STAU

Mein Herz steht im Stau und kommt nicht voran.
Ich find keinen Mut und komm nicht in Gang.
Wie soll alles gehen? Der Weg ist so weit.
Ich gehe im Stehen und Angst macht sich breit.

Mut ist Angst, die gebetet hat.
Mut gibst du durch dein Wort.
Mut ist da, wenn du bei mir bist.
Guten Muts von Ort zu Ort.

Mein Herz tanzt im Takt und kommt nicht zur Ruh.
Ich fass neuen Mut und gehe drauf zu.
Worauf soll ich warten? Der Weg ist so weit.
Ich gehe mit Jesus und ich bin bereit.

Mut ist Angst, die gebetet hat.
Mut gibst du durch dein Wort.
Mut ist da, wenn du bei mir bist.
Guten Muts von Ort zu Ort.

Das Wunder vom Kreuz:

WENN EIN MENSCH FÜR ANDERE STIRBT

Die Geschichte von Jesus Christus ist einzigartig. Seine Lebensgeschichte bestimmt unseren Kalender bis heute. Wir zählen unsere Jahre nach seinem Geburtsjahr. Und wir gliedern jedes Jahr nach seinen Lebensdaten. Die großen Feste unseres Jahreslaufs richten sich nach seinem Lebenslauf: Weihnachten feiern wir seine Geburt. In der Passionszeit denken wir an sein Leiden, zu Karfreitag an seinen Tod am Kreuz. Ostern feiern wir seine Auferstehung. Und zu Himmelfahrt wird traditionell seine Rückkehr zu seinem Vater im Himmel gefeiert. Pfingsten schließlich steht für den Heiligen Geist, der in den Christen wohnt und sie an Jesus erinnert.

Wirklich weltbewegend

Kein Mensch ist je über diese Erde gegangen, der vergleichbare Spuren hinterlassen hätte. Die Dichter und Denker, die Kaiser und Könige aller Zeiten kommen an seinen Ruhm nicht heran. Dabei hat er nie das Großartige gesucht. Nie hat er sich zu den Großen, den Schönen und Reichen gehalten. Die Gesellschaft, die er suchte, waren die Waisen und Witwen, die Aussätzigen und Ausgegrenzten. Die Armen, die Hungernden, die Leidenden waren seine Gefährten. Für sie ist er eingetreten. Für sie hat er gestritten und gelitten und dabei die Begegnung mit den Mächtigen nicht gescheut. Die Religionsführer seiner Zeit hat er herausgefordert. Seine Reden provozierten, seine Wunder machten neugierig; an seiner Person scheiden sich die Geister – bis heute.

Was bedeutet sein Leiden und Sterben? Was ist an Ostern geschehen? Ist er wirklich auferstanden? – Wenn wir wirklich begreifen wollen, was es mit seinen Wundern auf sich hat, dann müssen wir am Kreuz beginnen. Wir müssen vom Tiefpunkt ausgehen, um den Höhepunkt erfassen zu können. Wir müssen das Ganze sehen, um das größte Wunder wenigstens erahnen zu können. Ganz begreifen werden wir es nie. Wir können nur staunen, zweifeln und wieder staunen über das, was vor rund 2 000 Jahren nahe bei Jerusalem geschehen ist.

Wenn es wahr ist, dann ist es das unglaublichste Ereignis der Weltgeschichte. So unglaublich, dass es sich nur dem Glaubenden erschließt. Wenn es nicht wahr wäre, dann wäre es dennoch die spannendste und folgenreichste Legende, die je über einen Menschen erzählt wurde. Deshalb will ich Sie bitten: Lesen Sie weiter! Prüfen Sie, was Sie hier lesen! Vielleicht entdecken Sie dabei sogar, dass die Geschichte des Jesus von Nazareth mit Ihnen zu tun hat.

Der ganz andere König

Es ist eine Thronbesteigung der ganz anderen Art. Johannes berichtet von ihr in seinem Evangelium im 18. und 19. Kapitel. Geheimnisvoll, hintergründig, tiefsinnig. Jesus wird der Prozess gemacht. Er wird gefangen genommen, verhört, verhöhnt, gegeißelt und verspottet. Doch diesen Leidensweg, die verheerende Prozedur, schildert der Evangelist als Einsetzung eines Königs.

Wir sind es gewohnt, dass ein König eine Krone trägt. Golden. Glänzend. Mit Diamanten bestückt. Ungeheuer wertvoll und ungemein würdevoll. Aber dieser König trägt eine Dornenkrone. Ihre Stacheln bohren sich tief in seinen Schädel. Blut tropft herab und mischt sich mit den Tränen auf seinem Gesicht.

Wir sind es gewohnt, dass ein König einen Mantel trägt. Einen prächtigen Purpurmantel. Leuchtend rot oder violett. Mit einer langen Schleppe, vielleicht sogar von einem Pelz umsäumt. Aber dieser König hat nur ein Gewand. Und das haben sie ihm ausgezogen. Nackt steht er da – und kann kaum noch stehen. Entblößt. Entmachtet. Entwürdigt.

Wir sind es gewohnt, dass ein König stolz daherschreitet und den besten Wein serviert bekommt. Nur das Allerbeste, das Erlesenste wird ihm aufgetischt. Dieser König wird nur verspottet und verlacht. Soldaten verhöhnen ihn. Die Leute der Straße beschimpfen ihn. Er wird beschuldigt und bespuckt, getreten und geschlagen. Und zum Gipfel des Hohns wird ihm statt Wein ein Schwamm mit Essig gereicht. Was ist das für ein König?

Ganz gewiss kein König der Herzen. Er ist ein König voller Schmerzen. Kein König mit Pracht und Macht. Er ist ein König der Schmach und Schande. Kein König mit Glanz und Gloria. Er ist der König am Kreuz und trotzdem, ja gerade deswegen ein siegreicher König. Es ist eine Thronbesteigung der ganz anderen Art ...

Sein Reich ist die ganze Welt

Es ist eine paradoxe Szene – rund um diesen König: Sein Thron ist das Kreuz. Sein Thronsaal ist eine Müllhalde am Rande der Stadt. Es ist dreckig. Es stinkt erbärmlich. Das ist Golgatha, die Schädelstätte. Keinen räudigen Hund jagt man dort hinaus. Ein Ort, den man meidet. Nur ab und zu wird dieser Ort zum Schauplatz eines schaurigen Schauspiels. Schaulustige kommen in Scharen und gaffen. Dann nämlich, wenn eine Hinrichtung stattfindet. Wenn der Abschaum der Menschheit zur Schau gestellt wird. Und inmitten dieses Abschaums steht der Thron unseres Königs.

Er hat sein Kreuz selbst auf den Hügel hinaufgeschleppt. Dann reißen sie ihm die Kleider vom Leib, werfen ihn auf das Holz und jagen ihm Nägel durch Hände und Füße. Das Kreuz wird aufgestellt – und dann hängt er da. Mittendrin. Rechts ein Verbrecher. Links ein Verbrecher. Armselige Gestalten, die den Tag ihrer Geburt verfluchen. Und mittendrin thront der König der Welt. Es ist eine paradoxe Szene. Eine Inschrift verkündet es:

»Jesus von Nazareth, König der Juden«
In drei Sprachen steht es da. In Aramäisch – das ist die Volkssprache. In Lateinisch – das ist die Amtssprache. Und in Griechisch – das ist die Handelssprache der damaligen Welt. Alle Welt kann es lesen. Aller Welt wird es verkündet. Und damit wird das Geheimnis formuliert: Der König der Juden ist der Retter der ganzen Welt. Sein Reich ist die ganze Welt. Es ist faszinierend, wie Johannes uns Jesus als König vorstellt. Alle klassischen Elemente einer antiken Königskrönung sind da:

1) Die Proklamation des Königs

Jesus wird zuerst von Pilatus gefragt: »Bist du der Juden König?« Und Jesus antwortet: »Du sagst es.« Das ist die Ankündigung, die Proklamation des Königs (vgl. Johannes 18,33-38a).

2) Die Krönung des Königs

Jesus wird von den Soldaten eine Dornenkrone aufgesetzt und ein Mantel umgehängt. Sie verspotten ihn. Sie schlagen ihm ins Gesicht und sie grüßen ihn: »Sei gegrüßt, du König der Juden!« Das ist die Krönung des Königs und die dazu gehörende Huldigung (vgl. Johannes 19,1-3).

3) Die Präsentation des Königs

Jesus wird von Pilatus dem ganzen Volk vorgestellt. »Seht«, sagt Pilatus, »welch ein Mensch.« Aber statt zu jubeln, schreit das Volk nur: »Kreuzige ihn!« Das ist die Präsentation des Königs (vgl. Johannes 19,4-16a).

4) Die Inthronisation des Königs

Und schließlich wird Jesus ans Kreuz geschlagen und in allen damaligen Weltsprachen als König verkündet. Das ist die Inthronisation des Königs (vgl. Johannes 19,16b-22). Es ist wirklich eine Thronbesteigung der ganz anderen Art. Er ist wirklich ein ganz anderer König.

Aber ein König mit ungeheurem Anspruch: Sein Reich ist die ganze Welt. Vielleicht sagen Sie jetzt: Ist das nicht ein bisschen vermessen? Ist es nicht ein bisschen hoch gegriffen? Sagen wir doch besser: König der Christen – aber bitte nicht dieser hohe Anspruch! Warum soll denn Jesus der König der ganzen Welt sein? Warum nicht Buddha? Warum nicht Allah? Warum nicht sonst ein Gott oder Religionsstifter? Jesus selbst beantwortet diese Fragen – am Kreuz. Denn so tief hat sich keiner herabgelassen.

Vom Staunen zum Anbeten

Keiner ist so weit heruntergekommen wie er. Keiner hat das auf sich genommen. Wäre sein Thron aus Gold und Edelstein, dann könnten wir ihn ablehnen. Hätte er Prachtpaläste, dann könnten wir ihn absetzen. Aber weil er in völliger Ohnmacht kommt, können wir nur eines tun – ihn anbeten! Er ist nicht über alles erhaben wie Buddha. Nicht über alle erhoben wie Allah. Im Gegenteil: Er wird der erbärmlichste aller Menschen, aber gerade darin zeigt sich Gottes Barmherzigkeit. Der Gottessohn macht sich zum Gespött seiner Geschöpfe. So sehr liebt er uns. So nimmt er als König sein Reich ein. Er erleidet das Schicksal der ganzen Welt: Er stirbt für sie. Das hat kein »Gott« vor oder nach ihm getan.

> Der Gottessohn macht sich zum Gespött seiner Geschöpfe. So sehr liebt er uns.

Die Könige dieser Welt haben prächtige Bilder von sich malen und sie überall verteilen lassen. Etwa Napoleon. Nach seiner Kaiserkrönung 1804 hingen seine Porträts überall – in sämtlichen Rathäusern, in Präfekturen, in Gerichten: Napoleon mit Krone, Zepter und Reichsapfel. Napoleon hoch zu Ross. Napoleon mit prächtigem Gefolge. Unterschiedlichste Bilder. Die verschiedensten Posen und Positionen. Eines prächtiger als das andere. Genauso machten es die römischen Kaiser. Ebenso Hitler und Stalin. Und wenn wir etwa in den Irak oder nach Nordkorea schauen: Saddam Hussein hat es ganz ähnlich gemacht, ähnlich Kim Jong-un bis heute: Überall ist sein Bild zu sehen: in öffentlichen Räumen, an Hauswänden, als Statue auf großen Plätzen. Die Tyrannen und Diktatoren dieser Welt lassen sich feiern. Aber von dem Kreuzeskönig gibt es nur dieses eine Bild von Karfreitag, dieses unansehnliche und hässliche Bild: Jesus am Kreuz.

Das Kreuz ist sein Thron. Und die Inschrift darüber verkündet es: Sein Reich ist die ganze Welt. Dieses Bild, nur dieses eine Bild, sollen wir uns einprägen. Nur dieses Bild soll uns zu Herzen gehen: »Das ist der König Gottes, der die Sünde der Welt trägt.« So sehr liebt uns Gott, dass er für uns stirbt. Das ist Karfreitag. Wenn diese Geschichte und ihre Bedeutung nicht wahr sind, dann ist der Anspruch ungeheuerlich, eine Frechheit, fast frevelhaft, zumindest eine dreiste Anmaßung. Wer es wagt, sich zum König über die ganze Welt zu erheben, geht entschieden zu weit. Wenn der Anspruch aber berechtigt ist, dann können wir nicht gleichgültig danebenstehen. Das aber entscheidet sich erst später. Zunächst einmal entdecken wir noch etwas.

Eine neue Gemeinschaft unter dem Kreuz

Schauen wir nochmals zu dieser Szene auf Golgatha. Da stehen die drei Kreuze. Und ringsum eine gaffende Menge. Abseits sitzen ein paar Soldaten auf dem Boden. Es sind genau vier, sagt Johannes. Sie streiten um das Gewand von Jesus. Ein schönes Stück, das sie ihm ausgezogen haben. Und jetzt würfeln sie darum. Vier Soldaten, die ihren Spott mit Jesus getrieben haben, ihn nackt ausgezogen haben und nun – es ist der blanke Hohn – um sein Gewand spielen.

Dann aber entdecken wir noch eine andere Gruppe. Wieder sind es vier Menschen, vier Frauen. Aber sie stehen nicht abseits, nicht bei den Spöttern und nicht bei den Gaffern. Sie stehen ganz nahe bei Jesus, direkt unter dem Kreuz.

Sehen Sie, das ist der Platz der christlichen Gemeinde – direkt unter dem Kreuz. Dorthin gehört das Volk des Königs. Dort ist der Ort der Kirche. Sein Volk steht unter dem Kreuz. Dort sieht uns Jesus. Dort spricht er uns an. So wie er Maria anspricht, seine Mutter. Dort, direkt bei ihm, dort sorgt er für uns, wie er für Maria sorgt. Er weist sie an Johannes: »Frau, hör mir jetzt genau zu, das ist dein Sohn.« Johannes, sein bester Freund, soll für Maria sorgen. Ihm befiehlt Jesus seine Mutter an – mitten im Sterben: »Johannes, schau her, das ist deine Mutter.« Und so entsteht unter dem Kreuz eine ganz neue Gemeinschaft, eine neue Verwandtschaft, unter dem Kreuz entsteht Gemeinde.

Wo stehen Sie?

Das ist bemerkenswert: Noch im Sterben sieht Jesus die Einzelnen, die unter dem Kreuz stehen. So sorgt Jesus auch für uns. Entscheidend ist nur, dass wir zu ihm kommen: dass wir uns zu den vier Frauen und zu Johannes stellen, dass wir in sein Blickfeld treten, dass wir ihn für uns sorgen lassen – als unseren König.

Natürlich, wir können uns die ganze Szene aus der Ferne anschauen. Wir können es grässlich und furchtbar finden, vielleicht auch schön und schaurig. Wir können Jesus verspotten und uns zu den Soldaten setzen. Oder wir können wieder nach Hause gehen wie die meisten Gaffer von Golgatha. Aber egal, ob wir Spötter sind oder einfach nur gleichgültig – solange wir nur Zuschauer bleiben, bringt uns Jesus nichts. Es kommt darauf an, dass wir zu ihm kommen, in seine Nähe – direkt unter das Kreuz.

Darf ich Sie einmal so fragen: Wo stehen Sie? Irgendwo in der Menge, in sicherer Entfernung? Als Beobachter? Aber was da passiert – das hat mit Ihnen und Ihrem Leben nichts zu tun? Jesus stirbt, aber dass er wirklich »für Sie« stirbt, das kümmert Sie wenig? Vielleicht stehen Sie auch bei den anderen Gefährten, bei Petrus und Co., die einmal mit Jesus unterwegs waren, aber als es ernst wurde, sind sie weggelaufen. Vielleicht haben Sie für dieses Kreuz auch überhaupt nichts übrig? Nur Unverständnis und Spott wie die Soldaten … Egal, wo Sie stehen – Sie sind eingeladen: Kommen Sie doch zum Kreuz und lassen Sie Jesus für sich sorgen!

> Es kommt darauf an, dass wir zu ihm kommen, in seine Nähe – direkt unter das Kreuz.

Der König selbst lädt sie ein. In Liebe sieht er Sie an. Er spricht Sie an: »Siehst du«, sagt er, »für dich sterbe ich – für dich und deine Schuld.« Nehmen Sie's doch ganz persönlich wie eine Einladung zu einem königlichen Empfang!

Geschafft!

Schauen wir uns ein letztes Mal diese Szene auf Golgatha an. Jesus hat Durst, schrecklichen Durst. Aber statt Wasser reichen Sie ihm sauren Essig. Sie tauchen einen Schwamm in Essig, stecken ihn auf ein Rohr und reichen ihm den Schwamm hinauf. Jesus saugt die Flüssigkeit in sich auf. Und gleich darauf stößt er einen Schrei aus:

»Es ist vollbracht!«, ruft er.

Dann lässt er den Kopf sinken und stirbt. Der Sohn Gottes ist ein Kind des Todes. Der Geistträger gibt den Geist auf. Der das Leben geschaffen hat, stirbt. Jetzt ist er am Ziel. Denn genau dazu ist er in die Welt gekommen: um für uns Menschen zu sterben und um unseren Tod auf sich zu nehmen. Weil wir das Leben verwirkt haben, weil wir ewig verloren wären – deshalb stirbt er unseren Tod. Und nur deshalb sagt er diesen ungeheuren Satz: »Es ist vollbracht, geschafft, endlich!« Sein Tod ist unser Leben.

Logisch ist das nicht. Deutschlands Dichter und Denker zweifeln und spotten. Selbst der große Goethe fragt verbittert:

»Willst du mir zum Gotte machen

solch ein Jammerbild am Holze?!«[4]

Und Theodor Storm rechnet mit dem König am Kreuz ab:

So, jedem reinen Aug ein Schauder,

Ragt es herein in unsre Zeit;

Verewigend den alten Frevel,

Ein Bild der Unversöhnlichkeit.[5]

Storm hat es nie begriffen: Dieses Kreuz ist das Bild der tiefsten Versöhnung zwischen Gott und Mensch. Dieses Jammerbild offenbart uns das größte Geheimnis der Weltgeschichte. Logisch ist das nicht – aber ich frage Sie: Ist Liebe logisch? Wenn schon menschliche Liebe nicht logisch ist – wie sollten wir die Liebe Gottes begreifen können? Nein, begreifen werden wir sie nie. Wir können sie nur im Glauben ergreifen und dankbar annehmen: Seinen Leib hat er für mich gegeben. Sein Blut hat er für mich vergossen. Sein Tod ist mein Leben.

MEIN VATER

Es ist ein großes Glück, den lebendigen Gott zum Vater zu haben.

Mein Vater denkt an mich.
Nie vergisst er mich.
Nie verlässt er mich.
Mein Vater sorgt für mich.

Mein Vater lacht mit mir.
Nie lässt er mich los.
Nie gibt er mich auf.
Mein Vater weint um mich.

Seine Hände segnen mich.
Seine Arme halten mich.
Sein Herz schlägt für mich.

Gott ist mein Vater – ihm vertraue ich.

(Vergleiche Lukas 15,20)

Ein Rettungswunder:

WENN EINER MEINE SCHULDEN ÜBERNIMMT

Keine Frage, der Prozess von Jesus ist eine spannende Geschichte. Es lohnt sich, einmal die Darstellungen aller vier Evangelien im Neuen Testament intensiv zu studieren. Wir haben nur das Johannesevangelium zu Rate gezogen – und auch das nur auszugsweise. Aber welches Evangelium wir auch lesen, immer wieder stellt sich die Frage: Was bedeutet dieser Tod des Jesus von Nazareth für uns? Bedeutet er wirklich mehr als der Tod der zig Millionen und Milliarden Menschen, die sonst vor uns gestorben sind? Wie kommt es, dass unzählige Kreuze in Kirchen, auf Bergen, am Wegesrand oder in Klassenzimmern an dieses eine Kreuz erinnern? – Keiner hat das tiefer erfasst und tiefsinniger ausgeführt als Johannes, der seinen Namensvetter Johannes den Täufer zitiert, jenen Wüstenprediger also, der über Jesus sagte:

> »Seht hin, das ist Gottes Lamm, das die Sünde der Welt trägt.«
>
> *Johannes 1,29*

Der Wundertäter ist kein Entertainer, Zauberkünstler oder Guru. Er ist für uns da und führt uns nicht etwas vor, so spektakulär er auch handelt. Er trägt uns, unsere Schuld, die Last unseres Lebens, die Sünde der Welt. – Zugegeben, was Johannes hier schreibt, lesen wir nicht in unseren Zeitungen. Die Nachrichten in Fernsehen, Radio und Internet berichten nichts von einem Menschen, der »für uns gestorben« ist. Schon gar nicht von Sünde, Schuld und Gerechtigkeit. Stattdessen lesen und hören wir fast täglich von Firmen, die schließen müssen, und von Staaten, die vor der Zahlungsunfähigkeit stehen. Das ist eine Schlagzeile, die sich in verschiedenen Variationen ständig wiederholt. Der Preis der Globalisierung. Bankrott, Pleite, Insolvenz. Wir werden gleich sehen: Damit sind wir gar nicht so weit weg von dem, was Johannes schreibt. Im Gegenteil, damit sind wir beim Thema.

In der Schuldenfalle

Immer wieder geht Firmen das Geld aus. Sie müssen Mitarbeiter entlassen und ihren Laden dichtmachen. Kein Investor, der das Unternehmen übernehmen will. Kein Geldgeber, der etwas einsetzen will. Keiner, der die Schulden übernimmt. Und damit auch keine Zukunft. Dem Insolvenzverwalter blieb oft nur, das Unternehmen zu zerschlagen und die einzelnen Stücke zu verkaufen. Abgewirtschaftet, überschuldet und dann ausverkauft. Oft ist das bitter für alle Angestellten, die nun arbeitslos sind. Und es ist bitter für die Firmeninhaber, die das, was sie oft über Generationen hinweg aufgebaut haben, nun in Scherben vor sich liegen sehen.

Genauso sieht es mit unserem Leben aus – wie bei einer maroden Firma. Wir sind abgewirtschaftet. Wir sind überschuldet. Wir stehen kurz davor, zerschlagen zu werden. Das macht uns die Bibel an vielen Stellen deutlich: »Wenn wir sagen, wir haben keine Sünde, betrügen wir uns selbst«, schreibt Johannes später an eine Gemeinde (1. Johannes 1,8).

Wir stecken alle in der Schuldenfalle.

Wir stecken alle in der Schuldenfalle. Die herrlichen Zeiten sind vorbei. Kein Mensch bleibt davon verschont. Ohne Unterschied ist das unser Schicksal: Wir sind überschuldet. Schuldig geworden an anderen Menschen. Vor allem aber schuldig vor Gott. Und wir können uns nicht selbst befreien. Uns bleibt nur die Insolvenz. Vor Gott ist unser Leben bankrott. Eigentlich können wir nur darauf warten, zerschlagen zu werden. Kein Investor hat Interesse an uns. Wer will schon unsere Schulden übernehmen?

Weil wir Geiz geil finden

Ich weiß nicht, ob Sie das nachvollziehen können. Es ist die Grundüberzeugung der Bibel: Wir Menschen leben nicht so, wie Gott es von uns gewollt hat. Das gilt im Großen und im Kleinen. Ob wir auf die Weltbühne sehen oder unser eigenes kleines Leben betrachten – wir kommen zum gleichen Ergebnis: Wir führen Kriege, zerstören die Umwelt und leben auf Kosten der Ärmeren. Wir lügen und betrügen. Wir morden und zerstören. Wir gieren nach Macht und Geld. Wir beneiden uns gegenseitig. Wir finden Geiz geil und vergessen die, die unsere Hilfe bräuchten. Wir reden schlecht über andere. Wir enttäuschen und verletzen uns. Kurz: Wir werden schuldig aneinander.

Natürlich, wir sind nicht »nur schlecht«, aber es gibt eben auch niemanden, der »nur gut« wäre. So können wir vor Gott nicht bestehen. Denn er ist gut, durch und durch gut. Heilig, sagt die Bibel. Wir stecken in der Schuldenfalle. Und die große Frage unseres Lebens ist: Gibt es einen, der sich für uns einsetzt? Gibt es einen, der unsere Schulden übernimmt? Gibt es einen Investor, der unser bankrottes Leben saniert?

Jesus bezahlt alle Kredite

Wissen Sie, genau dieses Wunder geschieht an Karfreitag. Und das beschreibt Paulus, der wie Johannes auch ein Apostel ist, einer, der bezeugen kann, wer Jesus ist (2. Korinther 5,19):

»Gott war in Christus und versöhnte die Welt mit sich selber und rechnete ihnen ihre Schulden [Sünden] nicht zu.«

Gott kommt in die Welt, aber nicht als Insolvenzverwalter, sondern als Investor. Er investiert sich selbst. Er bringt sich selbst ein in unsere verschuldete Welt. Er übernimmt alles und bezahlt mit seinem Leben. Dafür steht das Kreuz: Jesus Christus geht an unserer Überschuldung zugrunde und tilgt alle Schulden. Alle Kredite sind

Gott kommt in die Welt, aber nicht als Insolvenzverwalter, sondern als Investor.

162

bezahlt. So, nur so wird ein Neuanfang möglich. Aber das hat Folgen für uns, ganz weitreichende Folgen. Gottes Investition am Kreuz – das heißt: Für uns ändert sich alles.

Der Besitzer wechselt

Eine Firma, die am Ende ist und dann aufgekauft wird, bekommt einen neuen Besitzer. So ist das auch bei uns. Jesus hat uns von unseren Sünden freigekauft. Das heißt: Wir, die wir mit Gott versöhnt sind, gehören jetzt Jesus. Den neuen Besitzer hat es viel gekostet. Es hat ihn *alles* gekostet: sein Leben. Mit seinem Blut hat er unsere Schuld bezahlt. So versöhnt uns Gott mit sich selbst. Als Christen gehören wir deshalb nicht mehr uns selbst, sondern ihm. Christen gehören Christus. Er ist der Besitzer unseres Lebens. Unsere ganze Schaffenskraft, unsere Energie, unsere Kreativität, unsere Ideen, unsere Zeit, unser Geld – alles gehört Jesus.

Nun weiß ich nicht, ob Sie sich als Christ bezeichnen oder nicht. Ein Christ ist man jedenfalls nicht nur aus Tradition, weil man eben im christlichen Abendland geboren ist. Nein, ein Christ ist ein Mensch, der sein Leben von Jesus Christus übernehmen lässt. Wer also nicht mehr sich selbst, sondern ganz Gott gehört. Ein Christ ist ein Mensch, der offen bekennt: Ich brauche einen, der meine Schulden übernimmt, in mein Leben investiert und neu mit mir anfängt. Wenn Sie das von Herzen sagen können, dann gibt es eine großartige Nachricht für Sie. Es gibt einen Investor, der Sie liebt und alles für Sie gibt. Es gibt einen, der Ihnen Ihre Schuld nimmt und neues Leben schenkt. Dieser Eine ist Jesus Christus.

Ein schuldenfreies Leben – das hat wirklich Freiheit. Erst, wer ganz Jesus gehört, ist wirklich frei.

Ob wir das jemals wirklich verstanden haben: dass wir als Christen nicht mehr unsere eigenen Chefs sind, sondern vielmehr Jesus

Christus gehören? Das klingt ja erst mal ziemlich einengend, ist es aber nicht. Denn ein überschuldetes Leben – das hat keine Freiheit mehr. Ein schuldenfreies Leben – das hat wirklich Freiheit. Erst, wer ganz Jesus gehört, ist wirklich frei.

»Ich bin doch kein schlechter Mensch!«

Vielleicht widersprechen Sie mir jetzt. Vielleicht geht es Ihnen wie jenem jungen Mann, der aus der Kirche ausgetreten ist und zum Pfarrer sagte: »Ihr von der Kirche, ihr macht einen immer schlecht. Ihr wollt mir ständig einreden, dass ich ein schlechter Mensch bin. Dass ich ein Sünder bin. Denn erst dann könnt ihr eure Ware verkaufen. Aber ich brauch sie nicht, eure Ware, eure Vergebung und Versöhnung. Ich bin nämlich kein schlechter Mensch. Ich bin schon in Ordnung.«

Dieser junge Mann war wenigstens ehrlich. So denken viele. »Ich bin doch kein schlechter Mensch. Ich hab Versöhnung doch gar nicht nötig.« Aber hier widersprechen Johannes, Paulus und Co. ganz entschieden. Ja, Jesus selbst sagt: »Doch! Du hast Versöhnung nötig. So, wie du bist, kannst du vor Gott nicht bestehen.« Deshalb zählt Jesus in der Bergpredigt Gottes Gebote auf. Und er zeigt uns: Gegen jedes einzelne haben wir verstoßen. In Gedanken haben wir schon hundertmal getötet. Mit unseren Augen haben wir schon zigmal die Ehe gebrochen. Mit unseren Worten haben wir schon tausendmal verleumdet und gelogen. In unserem Herzen sieht es dunkel aus. Der Neid regiert in uns. Der Geiz herrscht über uns. Der Hass ist unser Besitzer. Nein, wir sind nicht frei. Wir sind gefangen in uns selbst. Und was wir brauchen, was wir bitter nötig haben, ist ein Besitzerwechsel. Dazu gehört Mut. Glauben ist ein Wagnis. Das Risiko, sich einem andern ganz anzuvertrauen und sich auf ihn zu verlassen. Aber genau das bedeutet es, Christ zu sein.

Eine neue Sichtweise

Ein neuer Besitzer bringt neue Ideen in eine Firma. Ein neuer Besitzer hat eine neue Vision für das Geschäft. Er bringt einen Perspektivenwechsel. Genauso gibt uns Jesus eine neue Sichtweise. Die ganzen Wunder, die Jesus tut, die Schlagzeilen, die er macht, laden dazu ein: Jesus befreit uns davon, immer nur uns selbst zu sehen. Wir lernen mit ihm, andere zu sehen, den Blinden am Wegrand zum Beispiel. Wir sehen jeden Menschen als Geschöpf Gottes. Das ist die neue Sichtweise. So sehen Augen der Liebe. So sehen Augen der Gnade. Das sind nicht mehr Blicke voller Neid und Geiz und Zorn, sondern voller Barmherzigkeit.

Und jetzt frage ich Sie: Haben Sie diese Augen? Sehen Sie Ihren Nachbarn so an: in Liebe? Mit Freundlichkeit? Mit ehrlicher Herzlichkeit? Wie ist es eigentlich um das Klima in unseren Gemeinden bestellt? Spürt man da etwas von der Liebe? Ist da etwas erlebbar von der Barmherzigkeit? Leben wir glaubwürdig, was Versöhnung bedeutet? Karfreitag und Ostern sollen mehr für uns sein als nur ein Fest im Jahreslauf. Sie geben uns einen neuen Blick füreinander.

Das Image verändert sich

Wenn sich die Perspektive ändert, dann wechselt auch das Image. Eine insolvente Firma hat das auch nötig, einen Imagewechsel. Das kostet viel Mühe. Sie muss das Verliererimage loswerden. Das geht nicht von heute auf morgen. Marketingexperten arbeiten daran. Werbestrategien und -konzepte werden entwickelt, um das Image aufzupolieren. Erst wenn das Image wechselt, haben die Produkte wieder eine Chance.

Jesus Christus sorgt für einen Imagewechsel in unserem Leben. Nein, nicht nur äußerlich. Nicht dem Schein nach. Das wäre letztlich nur Heuchelei. Jesus braucht kein Marketing und kein Werbekonzept. Er leitet einen Imagewechsel im wahrsten Sinne des Wortes ein. Denn hinter dem Wort »Image« steckt das lateinische »imago«. Das heißt »Bild«. Jesus gestaltet uns um nach seinem »Bild«. Wir sind ja als Ebenbild Gottes geschaffen, als »imago Dei«. Nur haben wir dieses Bild durch unsere Sünde verzerrt und verkehrt. Aber Jesus stellt das ursprüngliche Bild wieder her. Er schenkt uns ein neues »Image«. Paulus sagt (2. Korinther 5,17): *»Ist jemand in Christus, ist er eine neue Kreatur. Das Alte ist vergangen; Neues ist geworden.«*

Wir werden neu geschaffen. Wenn Jesus unser marodes Leben übernimmt, ändert sich unser Image. Das ist viel mehr als nur die äußere Erscheinung. Ein neues Image bedeutet hier: ein neues Wesen, eine neue Art zu leben. Wer sich Jesus anvertraut, wird verändert. Christ zu sein, ist nicht nur eine Art zu denken, eine Weltanschauung. Es bedeutet wirklich ein neues Leben.

Neue Aufträge kommen

Wenn eine Firma saniert wird, dann wird oft Neues produziert. Das Unternehmen wird umgebaut. Der Laden wird zukunftsfähig gemacht. Wenn ein Betrieb erfolgreich umgestaltet wird, dann ändern sich seine Aufträge und seine Aufgaben. Die Mitarbeiter stehen vor einem Aufgabenwechsel. Aus vielen Firmen wurden in den letzten Jahren mehr und mehr »Dienstleistungsunternehmen«. Als Christen werden wir zu »Dienstleistern« ganz besonderer Art. Wir werden zu Menschen, die dienen, wie Jesus den Menschen gedient hat.

Johannes erzählt die Geschichte, wie Jesus seinen Jüngern die Füße wäscht (Johannes 13). So dient er uns. Das haben wir nötig. Aber danach sollen wir aufstehen und es ihm gleichtun. Wer Christ ist, steht im Dienst seines Gottes, und das heißt: im Dienst für die

Menschen. Im Griechischen heißt das Wort dafür *diakonia*, zu Deutsch: Dienst. Wir werden zu Dienstleistern. Wir sagen weiter, was uns trägt und prägt. Wir erzählen, wer unser insolventes Leben übernommen hat. Wir bekennen, wie unsere Schulden bezahlt wurden. Wir dürfen, ja wir können das Kreuz nicht verschweigen. Als Christen müssen wir ständig von dem reden, der uns »saniert« hat. Der uns von Grund auf heil gemacht hat. Und wir laden andere ein: »Kommt zum Kreuz!« Das ist jetzt unsere Aufgabe. Oft erfüllen wir sie, indem wir einfach für andere da sind.

Wie werden wir unseren Schatten los?

Freilich, manchmal tun wir uns ja schwer damit. Wie sollen wir das denn erklären? Wie werden wir denn unsere dunklen Seiten los? Wie werden wir unsere Schattenseiten los? Manchmal helfen da Bilder weiter. Zum Beispiel das Bild von dem Mann, der seinen Schatten loswerden wollte. Nichts anderes wollte er, als seinen hässlichen, dunklen Schatten endlich loszuwerden. Und so rannte er und rannte. Er lief immer schneller. Er lief sich die Lunge aus dem Leib. Aber sein Schatten rannte immer mit. Ganz hartnäckig. Wie sehr er sich auch anstrengte und bemühte – er wurde seinen Schatten nicht los. Er lief, bis er tot zusammenbrach.

Dort unter dem Kreuz, nur dort werden wir unseren Schatten los.

Dabei wäre es so einfach gewesen, den Schatten der eigenen Schuld loszuwerden! Er hätte nur in einen noch dunkleren Schatten zu treten brauchen. In einen Schatten, der seinen eigenen Schatten überdeckt. Dieser eine dunkle Schatten ist der Schatten des Kreuzes. Dort wird mein Schatten zugedeckt. Der Schatten des Kreuzes ist lang genug. Der Schatten des Kreuzes ist dunkel genug. Dort unter dem Kreuz, nur dort werden wir unseren Schatten los. Deshalb ist das unsere Aufgabe: Wir rufen.

Wir laden ein: »Kommt zum Kreuz und lasst euch versöhnen mit Gott!«

Neue Zielgruppen werden erschlossen

Insolvente Unternehmen kreisen nur noch um sich selbst. Ihre Probleme sind oft hausgemacht. Erfolgreiche Unternehmen dagegen sind meistens solche, die kundenorientiert sind. So ist es auch mit einem verschuldeten Leben und einem Leben, in dem die Schuld abgelöst wurde. Ein Leben ohne Versöhnung kreist nur um sich selbst. Ein Leben ohne Hingabe kreist um die eigene Person und die eigenen Probleme. Es geht immer nur um uns selbst: um unsere Krankheiten, um unsere Sorgen, unsere Rente, unsere Zukunft.

Johannes lenkt unseren Blick weg von uns selbst. Er lenkt unseren Blick auf Jesus und auf andere Menschen hin. Er lenkt unseren Blick auf die ganze Welt. »So sehr hat Gott die Welt geliebt, dass er seinen Sohn gab ...« Es geht um nichts Geringeres als die Versöhnung der ganzen Welt. Das schreibt uns Johannes ins Stammbuch: Seht doch einmal weg von euch und eurem Kleinkram! Die ganze Welt soll von der Versöhnung erfahren. Das ist der Zielgruppenwechsel. Mission fängt vor der eigenen Haustür an. Und Mission geht bis an die Enden der Erde. Alle sollen von diesem Wunder erfahren und ergriffen werden. Was Jesus getan hat, ist wirklich weltbewegend.

WAS GOTTES LEIDEN SCHAFFT

Das Glück fällt uns nicht in den Schoß, sagen wir.
Wir müssen etwas tun,
etwas leisten,
selbst etwas zustande bringen.
Das zählt in dieser Welt.
Es gibt nur Leistung aus Leidenschaft.

Aber bei Gott ist das anders.

Er schenkt uns Liebe aus Leidenschaft.
Das gilt vor ihm.
Wir müssen nichts tun,
nichts leisten,
nichts selbst zustande bringen.
Der Glaube fällt uns ins Herz, sagt Gott.

(Vergleiche Römer 10,17)

Das Wunder von Ostern:

WENN DER HIMMEL DIE ERDE UMARMT

Karfreitag und Ostern sind nicht voneinander zu trennen. Wir können nicht angemessen von Ostern reden, ohne das Kreuz in den Blick zu nehmen. Umgekehrt wäre das Kreuz ohne den Ostermorgen bedeutungslos. Der Mann, der auf wundersame Weise am Ostermorgen aus dem Grab auferstanden ist, trägt noch die Wundmale des Kreuzes an seinen Händen und Füßen und an seiner Seite. Der König vom Kreuz erweist seine Herrschaft, indem er von den Toten aufersteht, den Tod besiegt, neues Leben möglich macht. Die letzte Mauer ist durchbrochen. Eine unglaubliche Nachricht. Sie ist der Grund unserer Hoffnung.

Aber bevor wir uns näher mit der Bedeutung von Ostern beschäftigen, möchte ich Sie zu einem Osterspaziergang einladen. Wenn Frühling ist, dann ist das etwas Verlockendes. Wir suchen die ersten Sonnenstrahlen, freuen uns an den ersten Blüten und am frischen Grün. Es ist doch so: Weihnachten feiern wir gerne drinnen, im Wohnzimmer, unter dem Christbaum, vor dem Ofen oder dem offenen Kamin, bei Kerzenschein und wohlig warmer Gemütlichkeit. Aber an Ostern drängt es uns nach draußen. So, wie die Krokusse aus der Erde sprießen, so, wie die ersten Knospen treiben und wie die Vögel zum Trällern aufgelegt sind, so zieht es uns ins Freie.

Aber ich will Sie nicht auf einen Hügel, eine Frühlingswiese oder an einen heiter plätschernden Bach hinausbegleiten. Ich führe Sie vielmehr hinaus auf den Friedhof. Von Weitem sehen wir die große, alte Steinmauer, die das Gelände umfasst. Vor dem Eingang ein Schild mit der Friedhofsordnung. Das gusseiserne Tor ächzt und stöhnt beim Öffnen. Wir betreten das Gelände, setzen unseren Fuß auf ein uns irgendwie fremdes und doch vertrautes Land. Der Friedhof ist ein besonderer, ein buchstäblich eigenartiger Ort.

Tausendmal Endstation

Der Friedhof ist kein Marktplatz, wo lauthals Ware angeboten und hart verhandelt wird, kein Sportplatz, wo gellend geschrien, gepfiffen und gegrölt wird, nicht einmal ein Kirchplatz, wo mal laut, mal leise gegrüßt, geredet und gelacht wird. Nein, es ist ein eigentümlicher Ort. Eine ganz eigene Ruhe kennzeichnet ihn. Ein Platz mit einer eigenen Ordnung. Und ein ganz eigenartiges Gefühl beschleicht den, der ihn betritt; nicht nur bei einer Beerdigung.

Der Friedhof ist ein Ort der Trauer. Ein Ort der Erinnerung. Hunderte, manchmal Tausende von Grabsteinen. Wenn wir durch das Labyrinth von Wegen und kleinen Gassen gehen, dann sehen wir sie. Kleine und große Steine. Teure und edle, manchmal auch protzige, aber auch schlichte und bescheidene, manchmal sogar verkommene und mit Unkraut und Moos überwucherte Steine. Hier glänzender Marmor, dort grauer Granit, da fast sanfter Sandstein. Zahllose Namen, in Stein graviert. Zahllose Leben, deren Ende sich hier widerspiegelt. Die zahllosen Grabsteine, sie sind allesamt Schlusssteine eines Erdenlebens. Das ist der Friedhof, eben kein Bahnhof mit An- und Abfahrt, sondern unzählige Male Endstation! Und in mir keimt das beklemmende Gefühl: Auch für mich wird hier einmal Endstation sein.

Ist das wirklich der richtige Ort für einen Osterspaziergang? Kaum einer wird dieses Buch in der Hand haben, der noch keine Träne auf einem Friedhof gelassen hat. Kaum eine, die noch keinen lieben Menschen auf dem Friedhof zurückgelassen hat. Kaum jemand bleibt ein Leben lang ohne diesen Schmerz, diesen Stachel im Herzen, diese Wunde in der Seele.

Ein unendlich schwerer Weg

Auch Maria nicht. Sie wählte am ersten Ostern denselben Weg hinaus auf den Friedhof. Sie geht – Tränen in den Augen – an den Gräbern vorbei. Sie sieht die Grabsteine. Doch der schwerste Grabstein liegt ihr auf dem Herzen. Die Last zerstörter Hoffnungen. Sie geht gebeugt, gebückt. Die Trauer drückt sie schwer. Der Weg, den Maria über den Friedhof geht, ist ein unendlich schwerer Weg.

Begonnen hat er in Magdala. Damals, als ihr Jesus zum ersten Mal begegnet war. Sieben böse Geister hatten sie getrieben. Sie war eine Gefangene ihrer selbst. Von einer höllischen Krankheit gefesselt, geschunden, geplagt. Von dämonischen Mächten hin und her gerissen. Vom Teufel geritten. Aber dann war sie Jesus begegnet – zum ersten Mal. Und er hatte sie geheilt. Ein wahres Wunder hatte sie erlebt. Jesus hatte sie befreit; ein neues Leben hatte er ihr geschenkt. Seither war sie ihm und den Jüngern gefolgt. Gedient hatte sie ihm, ihn versorgt mit Hab und Gut. Durch Jesus hatte sie eine neue Aufgabe gefunden. Aber jetzt ist alles vorbei. Jesus ist gekreuzigt, gestorben und begraben. Seit diesem Passahfest ist alles anders. Ihr Weg mit Jesus endet auf dem Friedhof. Wieder einmal ist der Friedhof Endstation. So scheint es zumindest.

Wettlauf zum Grab

Aber dann überschlagen sich die Ereignisse. Als sie zum Grab kommt, ist der Grabstein weg. Maria steht davor und ist entsetzt. Unglaubliches muss geschehen sein. Johannes und Petrus laufen zum Grab. Sie rennen, Johannes kommt als Erster an und bleibt vor dem Grab stehen. Petrus kommt nach und stürmt sofort hinein. Johannes folgt ihm. Sie sehen sich an, was sie nicht fassen können. Die Leinentücher liegen da, das Schweißtuch, das man den Toten über das Gesicht legt, liegt etwas abseits zusammengelegt. Johannes sieht es und beginnt etwas Unglaubliches zu glauben. Obwohl er all das noch nicht verstehen kann, fasst er ein eigenartiges Vertrauen, das ihn nie mehr loslassen soll.

Die beiden Männer gehen wieder nach Hause, Maria steht weiter vor dem Grab und weint. Jesus ist gestorben, und nun ist auch sein Leichnam weg. Sie kann nicht einmal trauern. Tränenversonnen sieht sie in das Grab hinein – und sieht, was die beiden Jünger vor ihr nicht sahen: Zwei Männer sitzen da. In weiße Gewänder sind sie gekleidet, offenbar zwei Engel. Der eine sitzt am Fußende, der andere dort, wo man den Kopf des Leichnams hingelegt hatte.

> Johannes beginnt etwas Unglaubliches zu glauben. Obwohl er all das noch nicht verstehen kann, fasst er ein eigenartiges Vertrauen, das ihn nie mehr loslassen soll.

»Was weinst du?«, fragen sie.

Sie erzählt ihre Geschichte und klagt ihr Leid. Kaum hat sie ausgesprochen, dreht sie sich um. Sie sieht eine weitere Gestalt im Garten stehen, erkennt sie aber nicht. Auch dieser Mann spricht sie an und fragt, wie eben die beiden Engel: »Was weinst du?«

Der eigenartige Gärtner

Maria hält den Menschen für den Gärtner und folgert sofort: Er muss den Leichnam weggetragen haben.

»Sag mir, wohin du ihn gebracht hast, dann will ich ihn holen.«

Maria hat Sehnsucht nach Jesus. Nichts ist für sie wichtiger, als bei ihm zu sein. Aber niemand wird ihr helfen, auch der Gärtner nicht. Enttäuscht wendet sie sich wieder ab von ihm, sie erwartet keine Antwort, die ihr weiterhilft. Sie ahnt ja nicht, wem sie gegenübersteht. Sie sucht einen Toten, wähnt ihn nicht unter den Lebenden. Dann hört sie plötzlich ihren Namen. Der Mann, den sie für den Gärtner hält, spricht ihn aus:

»Maria!«

»Mein Herr!«, entfährt es ihr. Abrupt wendet sie sich wieder dem Mann zu. Als sie ihren Namen aus seinem Mund hört, erkennt sie ihn sofort. Es ist Jesus. Ohne dass sie irgendetwas erklären oder verstehen könnte, ist alles klar. Jesus steht vor ihr.

»Rühre mich nicht an«, warnt er sie und sendet sie umgehend zurück zu den Jüngern. Sie solle ihnen sagen, dass Jesus zu seinem Vater in den Himmel auffahren werde, dass er lebt, dass er auferstanden ist. Maria tut genau, was ihr gesagt wird. Sie geht und verkündigt den Jüngern: »Ich habe den Herrn gesehen«, und sie erzählt, was er ihr gesagt hat. Eine Frau wird zur ersten Zeugin der Auferstehung. Sie ist die erste Verkündigerin der guten Nachricht, der besten Nachricht der Welt. Dieses Wunder kann nicht überboten werden. Es gibt nichts Größeres und nichts Schöneres als genau das: Jesus lebt.

Was hier geschehen ist, sprengt all unsere Vorstellungsmöglichkeiten. Wir können das nicht begreifen. Und interessanterweise steht auch kein Wort davon da, wie es zugegangen ist, dass Jesus auferstanden ist. Nur eins ist klar: Das Grab ist leer. Jesus ist auferstanden. Er ist wahrhaftig auferstanden. Und er ist eben nicht hier im Grab, wo Maria ihn wähnte.

Wo suchen wir Gott?

Ob wir Gott nicht auch manchmal an der falschen Stelle suchen? Manche suchen Jesus in der Geschichte, der Religionsgeschichte. Ein interessanter Mann muss er gewesen sein. Ein Revolutionär im Reden und Handeln, um den sich viele Legenden ranken. Ein großer Denker und Lehrer, ein großer Philosoph, ja sogar ein Prophet, eben ein Großer der Geschichte. Aber wir finden Jesus nicht in der Geschichte. Manche suchen Jesus im religiösen Gefühl. Im intensiven

In-sich-Gehen muss man ihn finden. Im Lobpreis, in der Meditation, in der Ekstase. Nur innig genug muss es sein. Nur hingebungsvoll genug. Aber wir finden Jesus nicht im Gefühl. Manche suchen Jesus im religiösen Gesetz. Im rechten Handeln wird man ihn finden. Wir brauchen nur anständig zu sein und rechtschaffen und ordentlich und korrekt und alles so machen, wie es immer schon recht war. Und wir müssen vor allem das Rechte wollen. *»Wer immer strebend sich bemüht, den können wir erlösen.«*[6] Aber wir finden Jesus nicht im Gesetz. Jesus begegnen wir nur dann, wenn wir auf sein Wort hören und ihm ganz schlicht folgen. So ging es Maria. Sie hört zu. Sie hört einfach nur zu, was ihr die Engel und Jesus selbst sagen. Maria hört es und tut es. Und so wird sie Teil der größten Wundergeschichte aller Zeiten.

> Maria hört einfach nur zu – so wird sie Teil der größten Wundergeschichte aller Zeiten.

Jesus begegnen

Ich weiß nicht, ob Sie sagen können, Sie seien dem lebendigen Jesus Christus schon begegnet. Vielleicht suchen Sie ihn bei den Toten. Vielleicht sind Sie ein Denker oder eine Denkerin und suchen ihn verzweifelt in der Geschichte. Vielleicht sind Sie ein sensibler Mensch und suchen ihn verzweifelt im Gefühl. Vielleicht sind Sie ein pflichtbewusster Zeitgenosse und suchen ihn verzweifelt in Ihrem gesetzlichen Tun. Wie verzweifelt Sie auch suchen – dort werden Sie ihn nicht finden. Aber zum Verzweifeln haben Sie keinen Grund: Denn gerade dort, wo Sie ihn suchen, begegnet Ihnen ein Engel. Und der sagt Ihnen das Unglaubliche: »Hab keine Angst! Er ist nicht hier. Jesus ist auferstanden. Er lebt!« – Hören Sie es! Es wird Ihnen gehen wie Maria: In diesem Moment begegnet Ihnen Jesus. Anders kann ich das Osterwunder nicht beschreiben. Anders wüsste ich nicht, wie Ostern erfahrbar werden könnte. Aber so, durch das schlichte

Hören, haben Tausende Menschen erlebt: Ostern ist mehr als eine alte Geschichte. Ostern ist Leben pur. Ostern ist ein Wunder, und ich bin mittendrin.

Das Atemberaubende hat nichts Spektakuläres. Ein gewöhnlicher Gruß. Einige wenige Worte. Eine Gestalt, die wie ein Mensch aussieht mit einem Leib, mit einer Stimme, erkennbar und doch ganz anders. Das ist ja die Pointe von Ostern. Doch nicht nur Jesus ist auferstanden. Auch wir werden auferstehen. Er ist der Erste, der auferstanden ist. Und so wird es auch uns ergehen, wenn wir ihm folgen. Was für eine Aussicht! Was für eine Hoffnung! Was für eine Überraschung beim Osterspaziergang! Maria von Magdala ist die erste Osterzeugin. Ihr Osterspaziergang bringt die große Wende. Sie erlebt: Der Friedhof ist keine Endstation. Er ist eine Durchgangsstation zum ewigen Leben.

»Wir müssen mit dem Schlimmsten rechnen«

Vor einiger Zeit habe ich die Geschichte von der kleinen Julia und ihren Eltern gelesen. Eine Geschichte, die die Seele berührt. Julia ist neun Jahre alt. Ihre Eltern leiten ein christliches Freizeitheim in den Alpen. Es ist ein schöner Frühlingstag am Nebelhorn. Julia und ihre Mutter gehen noch einmal zum Skifahren. Sie genießen den Tag auf der Piste. Plötzlich, bei einer steilen Abfahrt, stürzt Julia. Mehrere Hundert Meter rutscht sie abwärts. Sie kann nicht bremsen. An Fangzaun, an Felsen und Bäumen vorbei. Dann stürzt sie eine 50 Meter hohe Felswand in die Tiefe. Währenddessen hält der Vater im Gästehaus eine Bibelarbeit. Sein Thema ist Epheser 1,18-20: »Ihr sollt erfahren, dass die gleiche Kraft in euch wohnt, die Jesus Christus von den Toten auferweckt hat.« Darüber predigt er. Einer seiner letzten Sätze ist: »Wer an den auferstandenen Jesus glaubt, kann auch einmal dem Tod getrost ins Auge sehen.« Mitten aus dieser Predigt heraus wird er ans Telefon gerufen. Seine Frau sagt nur: »Julia ist abgestürzt. Wir müssen mit dem Schlimmsten rechnen.« Er fährt zum Skilift. Nach langen Minuten der Unsicherheit steht es fest: »Ihre Tochter ist tot.«

Für die Familie schreckliche Stunden. Die Eltern kommen nach Hause. Sie gehen in Julias Zimmer. Dort finden sie ein Osterei aus Pappkarton auf ihrem Schreibtisch. Sie hatte es in der Kinderstunde gebastelt. Darauf ein Bild vom offenen Grab mit dem ausgemalten Satz:

»Jesus sagt: Ich bin die Auferstehung und das Leben.
Wer an mich glaubt, der wird leben, auch wenn er gestorben ist.«

Johannes 11,25

Der Kopf ist schon durch

Fast ein Jahr später schrieb der Vater über seinen Glauben: »Ich stelle mir das vor wie bei einer Geburt: Jede Hebamme ist froh, wenn der Kopf durch ist. Dann ist das Wichtigste passiert.« Genau das bedeutet Ostern: Der Kopf ist schon durch. Jesus ist schon durch. Er ist auferstanden. Er hat das neue Leben. Aber er behält es nicht für sich allein. Er ist das Haupt, wir sind die Glieder. Er ist der Kopf, und er wird uns nachziehen. So ist das bei jeder Geburt. Wenn der Kopf durch ist, dann ist das Entscheidende passiert.

So gewiss Jesus lebt, so gewiss werden wir auch leben. In einem alten Osterlied heißt es:

Jesus, er mein Heiland, lebt;
ich werd auch das Leben schauen,

sein, wo mein Erlöser schwebt.
Warum sollte mir denn grauen?
Lässet auch ein Haupt sein Glied,
welches es nicht nach sich zieht?[7]

Ostern lässt sich nicht in der Theorie erfassen, am Schreibtisch im Studierzimmer oder am Stammtisch in der Diskussionsrunde. Ostern geht mich persönlich an. Es geht um mein Leben und um mein Sterben. Ostern wird relevant, wenn wir auf den Friedhof gehen. Wenn wir am Grab eines vertrauten Menschen stehen. Und Ostern wird erst recht bedeutsam, wenn wir auf den Friedhof getragen werden. Deshalb sehen wir, wenn wir nach Ostern fragen, nie nur zurück in die Geschichte, sondern wir sehen voraus auf unser eigenes Geschick. Was wird einmal geschehen? Was können wir erwarten? Gibt es so etwas wie eine Auferstehung?

ALS JESUS CHRISTUS AUF DIE WELT KAM, HAT DER HIMMEL DIE ERDE UMARMT.

So sehr hat Gott die Welt geliebt,
dass er seinen einzigen Sohn hergab,
damit alle, die an ihn glauben, nicht verloren gehen,
sondern das ewige Leben haben.

Als Jesus auf die Welt kam, riss der Himmel auf.
Als Jesus am Kreuz starb, blutete das Herz des Vaters.
Als Jesus von den Toten auferstand,
begannen die Engel zu singen.

Seither ist Liebe in der Welt,
eine unbändige Liebe, die uns den Weg zum Leben weist.

Seither wird diese Welt,
so gottlos sie sich auch gebärden mag, Gott nicht mehr los.

Seither gibt es in dieser Welt
keine hoffnungslosen Fälle mehr;
kein Mensch muss verloren gehen.

Wir sind geliebt.
Und wir sollen das Leben haben.
Was hält uns auf, heute mit Jesus zu leben?

(Vergleiche Johannes 3,16)

Auferstanden –
kann das sein?

WENN ZWEIFEL IN MIR AUFKOMMEN

Sie sind schlechterdings unglaublich, die Berichte von der leiblichen Auferstehung des Jesus von Nazareth, aber für das Neue Testament sind sie schlichtweg grundlegend. Auf diese Wundererzählungen zielen alle vier Evangelien, auch Johannes. Es besteht überhaupt kein Zweifel daran, dass sie genau so gemeint sind, wie sie geschrieben sind. Der moderne Geist reibt sich dennoch an diesen Vorstellungen. Der Opfertod am Kreuz und die Ostererscheinungen – kann man heute wirklich ernsthaft daran glauben? Ich kann die ganz ehrlich zweifelnde Rückfrage bestens verstehen. Und dennoch, nein, gerade deshalb eine kurze Erwiderung auf die vielfache Kritik am Herzstück des christlichen Glaubens.

Wunder werden wegrationalisiert

Verschiedene Forscher haben das Wunder oder vielmehr die Berichte darüber zu erklären versucht. In Wirklichkeit sei Jesus nicht auferstanden. Die Osterzeugnisse der Bibel seien vielmehr erst nachträglich in der christlichen Gemeinde gebildet worden. Vermutlich hätten Johannes, Petrus und Paulus Visionen gehabt, persönliche Wunschvorstellungen oder Wahnvorstellungen. Jedenfalls sei wohl mehr der Wunsch Vater des Gedankens der Auferstehung gewesen als eine wirkliche, leibhaftige Begegnung. Vielleicht, so wird weiter gesagt, hätten die Jünger nach dem Tod von Jesus neuen Mut gefasst und schließlich weitergemacht mit einem Leben in seinem Sinne. Und um diese Ermutigung auszudrücken, hätten sie das Wunder einer Auferstehung erfunden und erzählt. So seien die Geschichten entstanden, die wir als Osterberichte in der Bibel finden. Sie seien ein Stück Trauerarbeit der Jünger, die den Tod ihres Meisters so verarbeitet hätten und im Übrigen deutlich machen wollten, dass Jesus auch nach seinem Tod noch von Bedeutung wäre. Tiefenpsychologisch wird argumentiert. Der moderne Geist arbeitet so lange an den Osterberichten, bis er sie verstehen kann. Dabei reduziert er sie aber zwangsläufig auf das Verständliche, das Irdische, auf das, was schon immer da war – und rationalisiert buchstäblich das Wunder weg.

Aber ob das wirklich angemessen ist? Ob es den Texten und ihren Autoren gerecht wird? Ob wir der Wahrheit wirklich näherkommen, wenn wir die Wunder streichen? – Ehrlich gesagt, ich glaube das nicht.

Ostern lässt sich nicht beweisen

Um es ganz klar zu sagen: Ostern lässt sich nicht beweisen. Die Auferstehung eines Toten durchbricht alle Naturgesetze. Die Berichte sind so einzigartig, so anstößig, so unglaublich, dass sie mit den Mitteln der historischen Arbeit schlicht nicht belegt oder widerlegt werden können. Abgesehen davon, dass historische Urteile immer nur Wahrscheinlichkeitsurteile sind, lässt sich ein einzigartiges Geschehen niemals wahrscheinlich machen. Etwas, das in der Geschichte vergeblich seinesgleichen sucht, etwas total Analogieloses, kann historisch nicht zweifelsfrei belegt werden. Da erreichen wir die Grenzen historischen Arbeitens und Forschens.

Ein Vergleich macht das deutlich: Wenn sich etwa in einer mittelalterlichen Schrift eine Erzählung fände, in der beschrieben würde, wie ein gewöhnlicher Mensch übers Wasser ginge, Hunderte von Metern frei schwebend durch die Luft flöge und dann – wohlgemerkt, alles ohne technische Hilfsmittel – sanft auf dem Rücken eines Pferdes landete, so würden wir schlussfolgern: Der Autor hatte eine lebhafte Fantasie; vielleicht hat er uns eine schöne Geschichte überliefert, aber wirklich geschehen ist diese niemals. Sie muss frei erfunden sein, auch wenn der Autor möglicherweise in seinem Text das Gegenteil behauptet. Der Grund liegt auf der Hand: Was in der

Geschichte beschrieben wird, bricht alle Naturgesetze und ist ohne vergleichbares Ereignis, das wir kennen. Es ist also ohne Analogie, und damit ist es höchst unwahrscheinlich, dass es sich um historische Tatsachen handelt.

Einmalig und einzigartig

Wenn wir mit diesem Blick an die Ostergeschichten oder all die anderen Wundererzählungen von Jesus herangehen, werden wir sie nie erfassen. Wir werden mit den Mitteln der historischen Arbeit sagen müssen: Das ist höchst unwahrscheinlich. Es ist historisch nicht wahrscheinlich zu machen, dass ein Mensch übers Wasser geht, Wasser in Wein verwandelt und fünftausend Menschen durch fünf Brote und zwei Fische satt werden. Es kann nicht ernsthaft nach Anwendung aller Mittel der historischen Methoden angenommen werden, dass Jesus einen Toten aus dem Grab herausgerufen hat, und schon gar nicht, dass er selbst wieder von den Toten auferstanden und in den Himmel gefahren ist. Das ist keinem Menschen möglich, der jemals über diese Erde ging. – Nun ist nur zu bedenken, dass Johannes gar nicht von einem gewöhnlichen Menschen redet. Er beansprucht ja von Anfang an, von einem einzigartigen Menschen zu reden, von einem Menschen, der zugleich Gottes Sohn sei und von seinem Vater im Himmel auf die Erde gesandt worden sei. Das ganze Evangelium des Johannes macht deutlich, dass es sich bei Jesus um eine Ausnahmeerscheinung handelt. Er ist einmalig, einzigartig, wunderbar. Und all die Wunder, die er tut, sind letztlich nur Zeichen dafür. Diesem Anspruch müssen wir uns stellen.

Johannes beansprucht auch gar nicht, uns etwas beweisen zu wollen oder zu können. Er kann uns auch nicht einfach durch Argumente überzeugen. Er kann nur bezeugen, was er erfahren hat. Was er erlebt hat, erzählt er. Und dieses Zeugnis hat Überzeugungskraft. Ganz besonders dann, wenn wir bedenken, dass es eine Vielzahl von Zeugen gibt. Im Neuen Testament berichten vier Evangelien davon. Frauen und Männer bezeugen, Jesus als Auferstandenem begegnet zu sein. Und die ersten schriftlichen Berichte über die Auferstehung sind aufgeschrieben worden in einer Zeit, als viele Zeitgenossen der Ereignisse noch lebten. Paulus kennt über 500 Menschen, die nach Ostern dem neu lebenden Jesus begegnet sind. Neben den biblischen Schriften gibt es eine ganze Reihe historischer Quellen, die von den Folgen dieses einzigartigen Ereignisses berichten. Das macht stutzig. Es muss etwas ganz Einmaliges geschehen sein, damals in Jerusalem. Wer über diese Einsicht hinweggeht, nimmt die historischen Texte nicht ernst und ist geradezu ignorant. So einfach werden wir auch als bewusste Zweifler nicht mit den Texten fertig. Zu vieles deutet auf etwas ganz Außergewöhnliches hin, das damals geschehen sein muss. All das als psychologisches Massenphänomen, als bewusste Intrige, als religiösen Wahn oder auch nur als möglicherweise intelligent-kreative, aber völlig unhistorische Geschichtsschreibung abzutun, wird dem Befund nicht gerecht. Es gibt mehr Gründe zu glauben, als es entschiedenen Zweiflern lieb sein kann.

Zudem bringen weitere Überlegungen enorm ins Nachdenken. Ich stelle sehr infrage, ob eine solche Geschichte wie die Ostergeschichte überhaupt hätte erfunden werden können.

Im jüdischen Denken rechnete man mit einer leiblichen Auferstehung

Zum einen geht das gesamte jüdische Denken von einer leiblichen Auferstehung am Ende der Zeit aus. Das war zur damaligen Zeit eine gängige Vorstellung, die sich in vielen Texten nachweisen lässt. Dabei wurde die Auferstehung nie nur geistig gedacht, sondern man stellte sich vor, dass sich die Gräber öffnen und die Verstorbenen leiblich auferstehen. Das belegen viele Zeugnisse im Alten Testament, aber auch in der jüdischen Literatur der damaligen Zeit. Die ersten Christen waren Juden und haben im Rahmen des jüdischen Denkens ihre Osterberichte weitergegeben. Dabei haben sie selbstverständlich an eine leibliche Auferstehung gedacht. Wer damals von Auferstehung redete, konnte kein rein geistiges Geschehen meinen. Es wurde leiblich gedacht. Darum können wir festhalten, dass die Autoren genau das aussagen wollen, was sie beschreiben: Jesus ist leiblich auferstanden und hat das Grab leibhaftig verlassen. Manche Kritiker verkennen diesen historischen Horizont des Neuen Testaments, wenn sie behaupten, die Jünger hätten doch nur ein geistiges Geschehen ausdrücken wollen. Das ist allzu modern gedacht. Hier wird ein modernes Denken in antike Texte hineingetragen, das ihnen aber gar nicht zu eigen ist. Damit werden wir der Bibel nicht gerecht.

Kein Märtyrerkult am Grab

Zum anderen muss das Auffinden des leeren Grabes die Jünger erst dazu veranlasst haben, von Jesus zu reden. Sie konnten ihn an seinem Grab nicht als Märtyrer verehren, was damals bei gewaltsam getöteten Propheten durchaus üblich war. Wenn Jesus gestorben und begraben worden, aber niemals auferstanden wäre, hätte es an seinem Grab einen großen Märtyrerkult gegeben. Das war aber gerade dadurch unmöglich geworden, dass das Grab leer war. Darum gibt es auch keine Spur irgendwelcher Kultberichte in den ersten Jahrhunderten rund um sein Grab. Wäre Jesus im Grab geblieben, dann wäre sein Leben eine Episode der Geschichte geblieben.

Erst das leere Grab macht sein Leben und Sterben buchstäblich so bemerkenswert.

Frauen als erste Zeugen

Schließlich sind die ersten Zeugen des leeren Grabes ausgerechnet Frauen. Maria begegnet Jesus vor den Jüngern. Wer eine Geschichte glaubhaft hätte erfinden wollen, hätte mit Sicherheit nicht an erster Stelle Frauen auftreten lassen. Das wäre alles andere als sinnvoll gewesen, da Frauen zur damaligen Zeit nicht als volle Zeugen anerkannt waren. Das ist ein ganz bemerkenswerter Umstand: Wenn ich damals eine Legende hätte in die Welt setzen wollen, wenn ich gewollt hätte, dass möglichst viele glauben, dass Jesus lebt, obwohl er doch einfach nur gescheitert und gestorben war, dann hätte ich doch niemals Frauen als Zeugen in meine Geschichte aufnehmen dürfen. Dann hätte ich glaubwürdige Zeugen gewählt: Wenn die Erzählungen erfunden worden wären, würden sie von Pharisäern und Schriftgelehrten, von Ratsherren und Hauptmännern als ersten Zeugen berichten. Das wären glaubhafte Zeugen gewesen. Wenn man Zeugen hätte erfinden wollen, hätte man solche Leute wählen müssen aus der ersten Reihe der Gesellschaft. Aber nun erzählen die Osterberichte des Neuen Testaments nun einmal, dass Frauen von Jesus überrascht worden waren. Gerade dieser Umstand macht sie besonders glaubwürdig.

Mehr als »Elvis lebt«

Außerdem ist historisch eindeutig zu rekonstruieren, dass sich die gesamte missionarische Bewegung des Urchristentums der Erscheinung des Auferstandenen verdankt. Innerhalb weniger Jahre ging die Nachricht von Jesus um die Welt. Irgendetwas muss diese Bewegung ausgelöst haben. Es können nicht nur der Tod eines Menschen und ein paar Legenden um sein angebliches Wiedererwachen gewesen sein – so wie bis heute schmunzelnd behauptet wird, dass Elvis lebt. Ein solcher Impuls wäre spätestens nach wenigen Jahren abgeebbt und hätte sich nur auf eine kleine Schar rückwärtsgewandter Anhänger beschränkt. Auf ein paar mehr oder weniger Verrückte, nach denen aber Jahre später kein Hahn mehr gekräht hätte.

Aber die erste Gemeinde explodierte förmlich. Von Jerusalem aus verbreitete sich das Evangelium in Windeseile nach Kleinasien und von dort bis nach Rom, Westeuropa und Nordafrika. Wer einigermaßen realistisch in die Geschichte blickt, muss zu dem Schluss kommen: Einer solch einzigartigen Bewegung muss eine einzigartige Erfahrung zugrunde liegen. Am wahrscheinlichsten ist immer noch, dass es genau die Erfahrungen sind, die uns im Neuen Testament überliefert sind.

Ein Letztes: Wir werden den alten Zeugnissen mit Sicherheit nicht gerecht, wenn wir sie in den engen Horizont unseres Denkens pressen wollen. Sie wollen vielmehr unser Denken in die Weite einer neuen Wirklichkeit führen. Ostern ist mehr als alles, was wir zu fassen vermögen. Es passt nicht in die Schubladen unseres Denkens. Wie könnte es auch! Die Osterberichte erzählen ja gerade davon, wie ein Ereignis alle bisherigen Grenzen sprengt. Wir können als Sterbliche nicht weiter denken als eben bis zum Tod. Dass der Tod nicht ist, das ist schlechterdings nicht vorstellbar. Allmächtig regiert er alles Leben in dieser Welt.

Das Wunderbare ist das Wahre: Wir begreifen es nur, wenn wir uns auf das Wunder einlassen.

Ostern macht aber deutlich: Diese Macht ist vom Thron gestoßen. Das Leben siegt doch. Der Schöpfer der Welt überwindet selbst den Tod. Jesus lebt. Und mit ihm sollen auch wir leben. Das Wunderbare ist das Wahre: Wir begreifen es nur, wenn wir uns auf das Wunder einlassen.

Zukunftsmusik

Die Osterberichte erzählen uns wahre Geschichte. Wenn jemals Wunder wahr geworden sind auf dieser Welt, dann damals an Ostern. Es ist so, als sängen sie ein Lied. Sie stimmen eine ganz neue Tonart an, die niemals zuvor erklungen ist. Zweifellos geheimnisvoll. Angesichts des offenen Grabes bleiben auch Fragen offen, für die Menschen vor 2 000 Jahren nicht weniger als heute. Der Stein, der von dem Grab weggerollt wurde, bleibt ein Stein des Anstoßes. Ostern hat noch nie in ein Weltbild gepasst. Aber Ostern hat die Welt verändert.

Von Eberhard Jüngel, einem bedeutenden Theologen unserer Zeit, stammen folgende Zeilen, die auch im Evangelischen Gesangbuch von Württemberg zu lesen sind:

»Wenn es so etwas wie Zukunftsmusik gibt, dann war sie damals, dann ist sie am Ostermorgen an der Zeit: zur Begrüßung des neuen Menschen, über den der Tod nicht mehr herrscht. Das müsste freilich eine Musik sein – nicht nur für Flöten und Geigen, nicht für Trompeten, Orgel und Kontrabass, sondern für die ganze Schöpfung geschrieben, für jede seufzende Kreatur, sodass alle Welt einstimmen und Groß und Klein, und sei es unter Tränen, wirklich jauchzen kann, ja so, dass selbst die stummen Dinge und die groben Klötze mitsummen und mitbrummen müssen: Ein neuer Mensch ist da, geheimnisvoll uns allen weit voraus, aber doch eben da.«[8]

WENN DER HERBST INS LEBEN ZIEHT

Wenn der Herbst ins Leben zieht
und die letzten Rosen blühen
Wenn die Hände welker werden
und die Falten Spuren ziehen

Wenn die Augen müde blicken
und die Kräfte langsam schwinden
Wenn die Schmerzen Seufzer schicken
und die Lebensgeister binden

Wenn die Schritte zaghaft zittern
und gebeugt die Wege gehen
Wenn die Tage Kälte wittern
und die Stunden schnell verwehen

Dann bleibst du, Jesus, meine Sonne,
mein Licht, mein ganzes Leben
Du bist mein Glück und meine Wonne,
dir bleib ich ganz ergeben

(Vergleiche Johannes 8,12)

Mein Gott, Jesus!

WENN EIN MENSCH PLÖTZLICH VERTRAUEN UND HOFFEN KANN

Wenn wir auch ahnen, dass es eine »Zukunftsmusik« für uns gibt, bleibt das so eine Frage: Was kommt eigentlich auf uns zu? Genaues können wir nicht sagen. Details berichtet auch die Bibel nicht. Die neue Welt bleibt vor unseren Blicken verschlossen. Dennoch ist mit Ostern die Frage aufgeworfen: Was dürfen wir hoffen? Womit können wir rechnen? Worauf können wir uns verlassen?

Wir haben den Himmel verloren

Natürlich hoffen wir auf den Himmel. Worauf denn sonst? Aber so einfach ist das ja nicht. Seit der Aufklärung scheint uns nur noch das glaubhaft, was unsere kritische Vernunft zulässt. Indem Kant und Co. die Hölle geleert haben, haben sie zugleich den Himmel geräumt. Wer den Teufel und seine Dämonen nicht mehr denken kann, hat auch keine Engel mehr. Das Paradies ist leer. Das Jenseits gestrichen. Das neue Jerusalem, die Perlentore, die goldenen Gassen nur mehr Metaphern, schöne Bilder, hilfreiche Vorstellungen vielleicht, mehr aber auch nicht. Wir haben den Himmel wegrationalisiert.

Wir haben den Himmel wegrationalisiert.

Wer wagt heute schon noch vom Himmel zu reden? Ernsthaft, meine ich. Der Himmel ist zur Karikatur geworden und zum Gespött verkommen. Wir denken an Aloisius, an einen Münchner im Himmel[9], an ein paar Engel mit Harfen, an Petrus und den Wettergott. In den Bierzelten des Oktoberfestes, bei Maßkrug und Volksmusik wird beinahe öfter über den Himmel gespottet, als von den Kanzeln über ihn gepredigt wird. Unsere moderne Kirche hat den Himmel verloren.

Die Frage wird immer drängender: Was bleibt uns zu hoffen? Die ganze Tragik einer solch entleerten Theologie wird auf dem Sterbebett eines Menschen offenbar. Was ist jetzt noch zu sagen? Welche Aussichten gibt es noch, wenn Jesus nur in den Gedanken der ersten

Christen, aber nie *wirklich* auferstanden ist? In dem Maße, wie wir den Himmel verloren haben, haben wir unsere Sprachfähigkeit verloren. Wer nichts mehr sagen kann von Gottes künftiger Welt, von seiner Verheißung für mich, vom Leben in Ewigkeit, dem fehlen am Sterbebett die Worte. Wer nur historisch-kritisch in die Vergangenheit blickt und weltanschaulich-ethisch die Gegenwart reflektiert, der hat keine Augen für die Zukunft Gottes. Die Hoffnung geht flöten. Die Hoffnung hat keinen Grund mehr. Wir haben den Grund der Hoffnung verloren.

»Lasst uns hoffen – auch wenn wir nicht wissen, worauf!«

Und doch ist die Hoffnung nötig. Als eine existenzielle Trotzhaltung gegen die Sinnlosigkeit. Als eine emotionale Stütze gegen den Frust. Wenigstens als Zweckoptimismus. Von der Hoffnung reden alle. Philosophen, Psychologen und Theologen sind sich einig: Hoffnung ist wichtig. Hoffnung ist zentral. Ohne Hoffnung geht es nicht. Aber sie ist zu einer Funktion der Ethik verkommen. Nur wer hofft, kann ethisch richtig handeln. Das Motto heißt: »Lasst uns hoffen, das hilft. Wir wissen zwar nicht, worauf, aber ohne Hoffnung können wir nicht leben.«

Die Hoffnung preisgeben, hieße sterben. Deshalb reden viele Atheisten groß von der Hoffnung. Friedrich Nietzsche etwa meint, Hoffnung sei »der Regenbogen über dem herabstürzenden Bach des Lebens«. Ernst Bloch, der große Philosoph der Hoffnung, kann sagen: »Wenn wir zu hoffen aufhören, kommt, was wir befürchten, bestimmt.«

Hoffnung ist für uns heute psychologisch unverzichtbar und philosophisch unaufgebbar, aber faktisch unbegründbar. Genauso stellt der Philosoph Hans Jonas fest: »Der völlige Verzicht auf jede

Hoffnung ist das, was das Unheil nur beschleunigen kann. Eines der Elemente, die das Unheil verzögern können, ist der Glaube daran, dass es abwendbar ist.«[10] – Hoffnung als das Gegenteil von Unheil. Die Chance, dass das Schicksal es nicht nur schlecht meint. Aber nichts Verlässliches, nichts Begründetes, nichts Festes, gar nichts Gewisses. Hoffnung ist zum Gegenteil von Gewissheit geworden: »Ich glaube nichts, aber ich hoffe darauf.« Alles ist vage, unsicher, ein einziges Vielleicht.

Lässt es sich damit leben? Lässt sich daraufhin sterben? Von welcher Art ist unsere Hoffnung als Christen? Worauf also dürfen wir hoffen? – Johannes beantwortet diese Fragen auf faszinierende Weise. Ganz eindrücklich nimmt er unsere Fragen auf und richtet sie ganz neu aus.

In Johannes 14,1-7 lesen wir, was Jesus seinen Gefährten sagt:

»Habt keine Angst. Ihr vertraut auf Gott, nun vertraut auch auf mich! Es gibt viele Wohnungen im Haus meines Vaters, und ich gehe voraus, um euch einen Platz vorzubereiten. Wenn es nicht so wäre, hätte ich es euch dann so gesagt? Wenn dann alles bereit ist, werde ich kommen und euch holen, damit ihr immer bei mir seid, dort, wo ich bin. Ihr wisst ja, wohin ich gehe und wie ihr dorthin kommen könnt.« »Nein, Herr, das wissen wir nicht«, sagte Thomas. »Wir haben keine Ahnung, wo du hingehst; wie können wir da den Weg kennen?« Jesus sagte zu ihm: »Ich bin der Weg, die Wahrheit und das Leben. Niemand kommt zum Vater außer durch mich. Wenn ihr erkannt habt, wer ich bin, dann habt ihr auch erkannt, wer mein Vater ist. Doch von nun an kennt ihr ihn und habt ihn gesehen!«

Unsere Hoffnung als Christen hat ihren Grund in Jesus Christus selbst, genauer gesagt in seiner Auferstehung. Ohne Ostern keine Hoffnung.

Unser Zuhause ist der Himmel

Alles beginnt mit einem Trostwort (Vers 1), ganz direkt. Das fällt auf, es gibt keine Einleitung, keine Hinführung, keine Ortsangaben, stattdessen eine direkte Ansage: »Habt keine Angst! Glaubt!« Das klingt besonders wohltuend, wenn man bedenkt, was der Szene vorausgeht. Gerade eben hat Jesus Petrus die größte Pleite seines Glaubenslebens angekündigt. »Ehe morgen früh der Hahn kräht, wirst du dreimal leugnen, mich auch nur zu kennen« (Johannes 13,38). Petrus sitzt noch verstört da. Allen, die dabei sind, bleibt jedes Wort im Hals stecken. Kurz davor hat Judas, der Verräter, die Runde verlassen. Ganz abrupt ging er hinaus in die Nacht.

Da tut dieses Trostwort gut, obwohl es eigentlich gar nicht passt – zumal Jesus immer wieder von seinem Abschied spricht. Er werde weggehen und die Jünger zurücklassen. Da kann einem schon der Schrecken in die Glieder fahren. Aber er sagt: »Habt keine Angst! Vertraut auf Gott und verlasst euch auf mich!« Will sagen: Glaubt an den Vater und an mich, den Sohn! Erschreckt nicht, denn ich bin der Sohn Gottes. Ich gehöre auf die Seite Gottes: »Wer an mich glaubt, der glaubt nicht an mich, sondern an den, der mich gesandt hat« (Johannes 12,44).

Wohnungen im Himmel

Der Grund für den Trost ist Jesus selbst. Er ist der Sohn. Er ist Gott. An ihn können wir glauben. Diesen Grund führen die folgenden Sätze genauer aus. Im Haus des Vaters sind viele Wohnungen. Jesus geht hin und bereitet sie vor. Dann wird er wiederkommen und uns zu sich nehmen, damit wir sind, wo er ist. Jesus stellt uns die himmlische Welt als ein großes bewohntes Haus vor, ein Mehrfamilienhaus sozusagen. In Gottes Reich ist Platz für euch, sagt Jesus zu den

Jüngern. Das dürfen wir hören. Mehr noch: Das dürfen wir ernst nehmen. In den Himmel kommen heißt nach Hause kommen. Heimkommen in das Haus des Vaters. Als Gottes Kinder sind wir jetzt in der Fremde. Wir sind hier, auf dieser Welt, nicht zu Hause. Für uns, die wir diese Erde lieb haben und uns hier gerne häuslich einrichten, ist das besonders schwer zu begreifen. Aber es bestimmt unsere Existenz: Wir haben hier keine Bleibe. Denn wir bleiben einmal woanders. Wir haben hier keine Ruhe. Denn wir sind unterwegs. Wir haben hier keine Heimat. Denn wir gehören in das Haus des Vaters.

In den Himmel kommen heißt nach Hause kommen.

Natürlich sind das Bilder, Metaphern. Aber die biblischen Metaphern sind mehr als bloße Vorstellungshilfen. Sie erfassen die Realität in einer ganz eigenartigen Konkretheit, die über das simple wörtliche Verstehen hinausgeht. Sie eröffnen einen neuen Wirklichkeitshorizont, eine neue Dimension, den Horizont unseres Hoffens. Im Hinblick auf diese neue Wirklichkeit ist das Bild, mit dem sie uns beschrieben wird, aber nicht bedeutungslos. Dieses Bild entspricht dem, was kommt. Dieses Bild ist Wahrheit. Das Bildwort entspricht dem, was Jesus vor Augen hat und was wir einmal sehen werden. Jesus spricht von einem Haus, nicht von einem Acker oder einem Teig oder einem anderen Bild. Daher ziehe ich auch für die zweite Ebene des Vergleichs den Schluss: Auch im Himmel erwartet uns ein Haus, ein unvorstellbares zwar, ein anderes als die Häuser, die wir kennen, und doch ist es ein Haus. Hoffen heißt deshalb: das Wort von Jesus festhalten und auf seine Verheißung hin Sehnsucht nach dem Vaterhaus haben.

Ein Seil spannen…

Wie ist das mit Ihnen? Hoffen Sie? Haben Sie Sehnsucht nach dem Vaterhaus? – Auch bei den meisten Christen ist es wohl so, dass wir allzu zufrieden sind. Wir haben uns doch ganz gut eingerichtet auf unserem Stern. Und wir vergessen dabei, dass wir noch nicht im Himmel sind. Das hebräische Wort für hoffen heißt *qawah*, wörtlich: »eine Schnur spannen, ein Seil spannen«. Also heißt hoffen »gespannt leben«. Von einem Pol zu einem andern hin ausgerichtet sein. Sind wir ausgerichtet auf ein Ziel hin? Stehen wir unter Spannung? Oder haben wir es uns nur allzu gut eingerichtet? Strecken wir uns nach einem Ziel aus? Oder sind wir innerlich längst angekommen?

Überlegen Sie einmal kurz: Wie stellen Sie sich den Himmel vor? Von jugendlichen Christen bekomme ich gelegentlich Antworten wie diese: »Der Himmel ist Party mit Jesus«, »Der Himmel ist Lobpreis ohne Ende«, »Der Himmel ist irgendwie geil«. – Der Himmel ist also genau das, was ich jetzt schon erlebe und gut finde, nur ins Unendliche gesteigert. Da muss man dem kritischen Philosophen Feuerbach recht geben, der meinte, wir projizierten unsere Ideale in die Zukunft und das nennten wir dann Gott. Ich wage mal die These: Wir Christen der westlichen Welt haben uns so gut eingerichtet in unserer Welt, dass wir das Hoffen verlernt haben.

Haben wir das Hoffen verlernt?

Denn eines müssen wir wissen: Der Bruder der Hoffnung ist der Schmerz. Nur wer leidet, weiß, was Hoffen heißt. Nur eine leidende Gemeinde ist eine hoffende Gemeinde. Aber für unsere Kirchen im Westen ist die Erde längst kein Jammertal mehr. Aus unserem Jammertal ist ein »Silicon Valley« geworden. Dort aber, wo

> Der Bruder der Hoffnung ist der Schmerz. Nur wer leidet, weiß, was Hoffen heißt.

die Gemeinde verfolgt und bedrängt ist, wo das Nachfolgen ein Kreuzweg ist, wo das Leben zur Hölle wird, dort weiß man, was Hoffnung ist.

Als würde Jesus ahnen, wie es um unser Hoffen steht, sagt er (Johannes 14,2): »Es gibt viele Wohnungen im Haus meines Vaters, und ich gehe voraus, um euch einen Platz vorzubereiten. *Wenn es nicht so wäre, hätte ich es euch dann so gesagt?*« In der Tat: Wenn es nicht so wäre, dann hätte die ganze Rede von Jesus keinen Sinn, seine Rede vom Hingehen und Bereiten und vom Nachgehen und Folgen. Dabei ist das etwas ganz Großartiges: Jesus geht hin – mit nur einem Ziel: »um uns einen Platz zu bereiten«. Jesus geht durch den Tod hindurch, durch die Hölle ins Vaterhaus, um unseren Platz vorzubereiten. Damit ist sein ganzer Weg, sein ganzes Wirken zusammengefasst. Jesus bereitet vor. Er macht den Himmel bewohnbar. Er macht aus uns Vagabunden Wohnungsberechtigte. Er macht die Wohnung bezugsfertig. Der Ort im Himmel wird vorbereitet.

Die Frage ist nun: Wann ist das geschehen? Wie sollen wir uns das vorstellen? Geht Jesus mit dem Staubsauger durch die himmlischen Zimmer? Geht er mit Hammer und Säge und Tapete und Kleister ans Einrichten? Wie bereitet er vor?

Nein, dieses »Vorbereiten«, von dem Jesus spricht, ist nichts, was jetzt geschehen würde. Das Bereiten geschah am Karfreitag, am Ostermorgen, bei der Himmelfahrt. Durch seine Wunder hat er den Ort vorbereitet. Genau dazu brauchen wir Jesus. Gerade deshalb ist Ostern so wichtig. Keiner sonst bereitet uns den Himmel vor. Jesus, der Sohn, der hingeht in den Tod und zu neuem Leben aufersteht, dieser Jesus ist der Grund unserer Hoffnung. Durch ihn allein haben wir unsere Heimat im Himmel.

Den Himmel im Herzen

Thomas ist einer der sympathischsten Menschen der Bibel. Er fragt. Er zweifelt. Er ist geradeheraus, einfach eine ehrliche Haut. Ganz offen und direkt sagt er, was er denkt. Eben noch sagt Jesus: »Und wo ich hingehe, den Weg wisst ihr.« Aber Thomas macht sofort den Mund auf und gesteht: »Herr, wir wissen nicht, wo du hingehst. Wie können wir dann den Weg wissen?« Nun könnte man sagen, Thomas war vielleicht etwas schwer von Begriff. Denn mehrfach schon hatte Jesus gesagt, dass er zum Vater geht, dass er zum Vater gehört. Gehört hat Thomas das sicher, aber begriffen hat er es nicht. Doch wer kann das schon begreifen! Das klingt für unsere Ohren heute genauso fremd wie für Thomas damals. Jedenfalls gibt er offen zu: »Wenn ich nicht weiß, wohin du gehst, kenne ich auch deinen Weg nicht.« Wer kein Ziel hat, hat auch keinen Weg.

Damit ist Thomas der Prototyp des hoffnungslosen Menschen. Wer nicht weiß, wo Jesus hingeht, wer deshalb auch seinen Weg nicht kennt, den Weg durch den Tod hindurch zu neuem Leben und hin zum Vater, um uns dort eine Wohnung zu bereiten, wer diesen Weg nicht im Glauben ergriffen hat, dem fehlt die Zukunftsperspektive. Der hat nichts zu hoffen, der hat kein Ziel, auf das er gespannt zuleben könnte, der hat keinen Pol, nach dem er sich ausstrecken könnte. – Und was tut nun Jesus? Wie reagiert er auf das Unverständnis von Thomas? Erklärt er ihm alles von vorn? Trägt er Erläuterungen vor? Versucht er, ihm mit langen Ausführungen irgendeine Jenseitshoffnung plausibel zu machen? – Nein, er antwortet vielmehr mit zwei Worten, in denen unsere Hoffnung begründet ist und durch die uns die Hoffnung gewiss wird: »Ich bin.«

Wer leben will, muss Jesus haben

Ohne dass überhaupt ein weiteres Wort folgen müsste, ist damit alles gesagt. Wir erinnern uns an die Anekdote mit Mose am brennenden Dornbusch, als sich Gott ihm so vorgestellt hatte. »Ich bin« – das ist Gottes Name. Das ist Gottes Versprechen an uns. Jesus ist der lebendige Gott, der da ist, für uns, für immer. Dieses »Ich bin« überdauert die Zeit. Dieses »Ich bin« sprengt unseren Horizont. Von diesem »Ich bin« sind wir umfangen, getragen, erhalten, umsorgt, ewig umschlossen. Aber Jesus redet weiter. Er sagt, wer er ist. Er erläutert sein Wesen, seine Art. Diese Erläuterung ist das großartige, dreiteilige sogenannte »Ich bin«-Wort, das im Johannesevangelium steht: *»Ich bin der Weg, die Wahrheit und das Leben.«*

»Ich bin der Weg.« Das ist die Antwort auf die Frage des Thomas. Wer Jesus kennt, kennt den Weg. Der Weg in den Himmel ist mir gewiss, wenn mir Jesus gewiss ist. So einfach ist das. So exklusiv. Und so wunderbar. Mehr hat Jesus nicht von sich gesagt. Und mehr gibt es nicht zu sagen. Jesus weist und ebnet den einzigen Zugang zum Vater. Der Weg ist frei durch seinen Tod am Kreuz. Der Weg wurde geebnet durch sein »Es ist vollbracht«. Jesus denkt seinen Sieg am Kreuz schon mit, als er Thomas hier antwortet.

»Ich bin die Wahrheit.« Die Bibel kennt keine unpersönliche Wahrheit. Keine Wahrheit, die außerhalb von mir bliebe, mich nicht beträfe. Es gibt gegenüber der Wahrheit keine neutrale Position, die über sie entscheiden könnte. Entweder ich bin in der Wahrheit, oder ich bin außerhalb von ihr in der Lüge. Entweder ich bin gerettet, oder ich bin schon gerichtet. Wahrheit bezeichnet ein Entsprechungsverhältnis, eine Beziehung. Gott zu entsprechen, seinem Willen zu entsprechen, ganz mit ihm und seinem Wort, seinem Gebot übereinzustimmen – das ist Wahrheit. Nur wer ihm entspricht, ist in der Wahrheit. Das kann letztlich nur von einer Person gesagt werden: von Jesus Christus selbst. Für alle anderen

Menschen ist es nur durch ihn möglich, in eine Beziehung mit Gott zu kommen.

»Ich bin das Leben.« Das bezeichnet im Grunde dasselbe. Nur wer dem Schöpfer und seinem Wort entspricht, kann leben. Wer im Widerspruch zum Schöpferwort lebt, verwirkt seine Geschöpflichkeit und stirbt. Kurzum: Wer Leben will, muss Jesus haben.

> Wer Leben will, muss Jesus haben.

Eigentlich ist der nächste Satz unnötig. Er ist bereits gesagt. Aber um es noch einmal unmissverständlich klarzumachen, sagt Jesus: *»Niemand kommt zum Vater außer durch mich.«* Damit unterstreicht er seinen ungeheuren Anspruch. Einen anderen Weg zu Gott gibt es nicht als den Glauben an Jesus Christus. Für Christen ist dieses Bekenntnis unaufgebbar. Wenn Ostern wahr ist, wenn Jesus wirklich von den Toten auferstanden ist, dann ist dieser Satz auch die einzig denkbare Konsequenz. Wer sonst sollte den Weg in den Himmel ebnen, wenn nicht der, der als Einziger den Tod besiegt hat? – Für uns Christen ist dieser Satz aber »kein Satz des Hochmuts, sondern der Retterliebe«[11]; so hat es der Württemberger Altlandesbischof Dr. Gerhard Maier einmal formuliert. Wir halten am Bekenntnis zur Einzigartigkeit von Jesus Christus nicht fest, um uns über andere zu erheben, sondern um anderen die einzige Hoffnung im Leben und im Sterben nicht vorzuenthalten.

Wie sieht es im Himmel aus?

Jesus Christus ist der Grund unserer Hoffnung, und er ist unsere Gewissheit. Mehr braucht unsere Hoffnung nicht, als um ihn als Auferstandenen zu wissen. Mit Jesus haben wir den Himmel im Herzen. Sicher, wir würden gerne mehr wissen: Wie sieht es im Himmel aus? Wen treffen wir dort? Wie werden wir aussehen? Können wir miteinander reden? Wenn ich meine Oma im Himmel wiedersehe, hat sie dann graue Haare, oder ist sie noch jung? Und wie alt bin ich, wenn ich in den Himmel komme? Wer wird dort sein, und wen werden wir vermissen? Wie kann es im Himmel herrlich sein, wenn einige meiner Lieben fehlen? – Viele Fragen ließen sich anfügen. Wir wollen mehr wissen, um mehr hoffen zu können. Aber Jesus gibt uns nur sein Versprechen. Alle Spekulation und alles Wissen schenken keine Gewissheit.

Stoßseufzer auf dem Sterbebett

Ich denke an die Menschen, die ich auf ihrem letzten Weg begleitet habe. An ihre Schmerzen. An das Elend im Krankenhaus. An die vielen durchwachten Nächte. Ich habe einige hoffnungslose Situationen vor Augen und manche Seufzer noch im Ohr. Besonders eindrücklich ist mir der Stoßseufzer einer schwer kranken Frau, der wie ein Gebet klang: »Oh Heiland!« Geflüstert, gestöhnt, gejammert. Mehr blieb ihr nicht, mehr konnte sie nicht sagen.

»Oh Heiland!« Geflüstert, gestöhnt, gejammert. Mehr blieb ihr nicht, mehr konnte sie nicht sagen. Sie wusste nicht, was hinter der Schwelle des Todes auf sie zukommt. Ich konnte ihr auch nicht sagen, wie es sein würde, wenn sie stirbt. Aber doch wusste sie, *wo* sie sein würde: Dort, wo Jesus ist, an den sie geglaubt hat. Dort, wo sein »Ich bin« das Haus erfüllt. Seine Person bestimmt den Ort. Jesus hat ihre Stätte bereitet. Hier wird ihr Platz sein, ein Platz zum Leben. Das war ihr Trost genug.

Eine schöne Erinnerung an die Zukunft

Ich weiß nicht, was Ihnen das Leben schwer macht, was Ihnen die Hoffnung nimmt und Sie zweifeln lässt. Niemand von uns weiß, wie es uns selbst einmal noch ergehen wird. Aber eines weiß ich schon jetzt: Ostern ist mehr als eine alte Legende. Ostern bedeutet Leben – für Sie und für mich. Nur aus diesem einen Grund wurde dieses Buch geschrieben. Denn wir kennen einen Namen und mit ihm eine unbändige Hoffnung: Jesus Christus.

Thomas, der Zweifler, konnte all das zunächst nicht glauben, aber später durfte er den auferstandenen Jesus sehen und berühren. Plötzlich ist Jesus da und zeigt sich ihm. Da kann er nur noch staunend sagen: »Mein Herr und mein Gott!« Der staunende Ausruf, den mancher auf den Lippen hatte, als er Jesus übers Wasser gehen sah, ist zum Bekenntnis geworden: »Mein Gott, Jesus!«

Gabriel Marcel soll einmal gesagt haben, Hoffnung sei »eine schöne Erinnerung an die Zukunft«. In der Tat: Die Erinnerung an die Osterberichte des Neuen Testaments lässt uns voraussehen. Der lebendige Gekreuzigte, der alles Scheitern, alle Festlegung auf das Endgültige durchbricht, ist so etwas wie eine Erinnerung an die Zukunft. Denn wenn es wahr ist, was von ihm bezeugt wird, dann gehört ihm die Zukunft.

> Der staunende Ausruf, den mancher auf den Lippen hatte, als er Jesus übers Wasser gehen sah, ist zum Bekenntnis geworden: »Mein Gott, Jesus!«

DEIN ZUHAUSE

Als es aber schon Morgen war, stand Jesus am Ufer...
Johannes 21,4

Wie viele Wege wir gehen
Wie viele Worte wir sagen
Wie viele Bilder wir sehen
Wie viele Lasten wir tragen

Einmal sind wir am Ziel
Einmal kommen wir an
Die Nacht ist vorbei
Und der Morgen bricht an

Dann steht Jesus vor uns und sagt:
»Mein Kind, komm zu mir.
Ich warte auf dich.
Dein Zuhause ist hier.«

Wie viel Sorge uns drückt
Wie viele Menschen wir lieben
Wie viel im Leben geglückt
Wie viel wir schuldig geblieben

Einmal lassen wir los
Einmal brechen wir auf
Die Welt bleibt zurück
Und der Himmel geht auf

Dann steht Jesus vor uns und sagt:
»Mein Kind, komm zu mir.
Ich warte auf dich.
Dein Zuhause ist hier.«

Wie viel Sehnsucht uns hält
Wie viele Pläne wir schmieden
Wie viel an Träumen zerfällt
Wie viel Zeit uns beschieden

Einmal staunen wir nur
Einmal so wie ein Kind
Der Tod ist die Tür
Und das Leben beginnt

Dann steht Jesus vor uns und sagt:
»Mein Kind, komm zu mir.
Ich warte auf dich.
Dein Zuhause ist hier.«

DIE 25 GRÖSSTEN WUNDER DIESER WELT

Warum ich aus tiefer Überzeugung und von Herzen gerne glaube

Es muss Ende der 80er Jahre gewesen sein, vermutlich im Jahr 1989, als ich zum ersten Mal ein Lied im Radio gehört habe, das ich bis heute gelegentlich vor mich hin summe. Der Song klingt aus meiner Jugendzeit zu mir herüber und stammt von der deutschen Sängerin Nena. Sein Titel: »Wunder gescheh'n«. In mir hält das Lied die Einsicht wach: Auch wenn es vieles gibt, was wir nicht begreifen und verstehen können, halten wir die Hoffnung fest.

Glauben geht über das Sehen hinaus. Wenn wir an Jesus glauben, verlassen wir uns auf das, was er uns sagt. Wir vertrauen seinen Worten. Wir lassen das, was uns durch die Bibel gesagt wird, gelten, geben ihm Raum in unserem Herzen und stimmen zu: »Amen«, sagen wir, so soll es sein. Darum kommt der Glaube zuerst und grundlegend aus dem Hören. Selig ist, wer glaubt, obwohl er nichts sieht. Und doch sind Wunder Sehhilfen des Glaubens.

Wunder sind Sehhilfen des Glaubens

Jesus lässt sich sehen. Er lässt uns seine Zeichen wahrnehmen. Niemals hat er versprochen, dass alle gesund werden, dass es keinen Hunger mehr gibt und alle satt werden, dass alles gut wird in dieser Zeit und auf dieser Welt. Aber er lässt uns zeichenhaft sehen, dass er diese Welt zu ihrem Ziel bringt. Wunder sind Sehhilfen des Glaubens – sie helfen uns, das zu sehen, was wir letztlich nicht verstehen. Und sie halten die Ahnung in uns wach, dass wir nicht nur an das glauben, was wir sehen: das Sterben, das Elend, die Not. Wunder lassen uns »voraussehen«, sie lassen uns den Himmel erahnen. So wird es einmal werden. Dafür steht zum Beispiel Lazarus. Der gute Mann ist zweimal gestorben und begraben worden. Seine Auferweckung war nur ein Zeichen für das größte Wunder, das Jesus selbst getan hat am Ostermorgen und das wir auch erleben werden, wenn unsere Zeit hier zu Ende geht. Wunder öffnen uns die Augen für das Wesentliche. Sie lassen uns hinter das Vordergründige schauen. Sie haben einen Blick für den, der im Hintergrund wirkt. Und wenn wir sie uns vor Augen halten und im Herzen tragen, werden wir zu tiefgründigen Menschen, zu wunderbaren Persönlichkeiten, zu Männern und Frauen, die mehr kennen als nur ihre Begrenzung. Wer auf die Wunder sieht, die Jesus getan hat und tut, rechnet mit den Möglichkeiten Gottes.

Wenn es Gott gibt...

Ich weiß, man kann unendlich viele Fragen an jeden Wunderglauben stellen. Man kann berechtigte Zweifel unterstreichen. Man kann mit Goethe sagen: »Das Wunder ist des Glaubens liebstes Kind.« Und festhalten: »Die Botschaft hör ich wohl, allein mir fehlt der Glaube.«[12] – Ich habe viel Sympathie für solche Skeptiker. Wir sollten uns nicht auf billige Versprechen von esoterischen und religiösen Anbietern aller Art, von Seelenfängern und Sektengurus verlassen. Nein, ein kritisches Bewusstsein ist nur gut und heilsam. Es bewahrt vor allzu vielen, die allzu vieles vorgaukeln, was letztlich doch nur Schall und Rauch ist. Und doch gilt das andere auch. Es ist eine tiefe Einsicht, die ich nicht loswerde: Wenn es Gott gibt, gibt es keine Garantien, dass es Wunder nicht gibt.

> Wenn es Gott gibt, gibt es keine Garantien, dass es Wunder nicht gibt.

Das ewige Nichts ist mir zu wenig

Ich traue der Behauptung nicht, dass es Gott nicht gibt. Ich verlasse mich nicht darauf, dass alles nur durch Zufall geworden ist und ich letztlich allein im Universum bin, wenn all meine Beziehungen einmal abbrechen und ich die Menschen, die ich liebe, zurücklassen oder sie ziehen lassen muss. Ich glaube nicht, was die Ungläubigen glauben. Dass nichts ist, nichts wird und nichts kommt, dass ich nicht wieder auferstehen werde, dass ich letztlich zu nichts werde, so wie ich aus dem Nichts gekommen bin – dieses ewige Nichts ist mir zu wenig.

Geht es Ihnen nicht auch so? – Das wäre ein trostloses und hoffnungsloses Existieren. Nein, ich ziehe ein Leben im Glauben vor. Ehrlich gesagt, kann ich mir die Alternative, nicht zu glauben, gar nicht vorstellen und ich könnte sie auch gar nicht wählen. Ich glaube einfach. Das allein ist schon ein Wunder, vielleicht sogar das größte. Wer wäre ich, wenn ich nicht glauben könnte?! – Aber wenn ich glaube, dann verlasse ich mich eben nicht auf billige Versprechen. Ich vertraue dem *teuren* Versprechen, das Jesus mir gibt. Er hat es mit seinem Leben bezahlt. Er ist dafür gestorben. Er hat am Kreuz versprochen, dass wir mit ihm leben werden. Zu dem Verbrecher, der neben ihm hingerichtet wurde, hat er genau das gesagt: »Heute wirst du mit mir im Paradies sein« (Lukas 23,42f). Ich vertraue dem Wundermann vom Ostermorgen, der Maria begegnet ist und den Thomas angebetet hat mit den Worten: »Mein Herr und mein Gott!« Diese Worte mache ich mir zu eigen. Es ist mein Gebet an Glückstagen und in Notzeiten: »Mein Gott, Jesus!« So bitte ich ihn um Hilfe, so bete ich ihn an. So rede ich ihn an. So frage ich ihn immer wieder auch zweifelnd. So glaube ich.

Die kleinen Großartigkeiten entdecken

Und so erlebe ich immer wieder Überraschungen. Wobei Wunder ja nicht nur die großen Ausnahmeereignisse meinen. Viel öfter, als wir es uns bewusst machen, gibt es doch auch die kleinen Großartigkeiten unseres Alltags: das Lachen von Kindern, die Blumen am

Wegrand, die nette Begegnung beim Bäcker ... und überhaupt: das schmerzfreie Aufstehen und Gehen. Vor einiger Zeit hat mich – als über 40-Jährigen – meine Bandscheibe etwas gezwickt. Wahnsinn, was so ein kleiner Körperteil auslösen kann, wenn er nur ein paar Millimeter verrutscht! Und was für ein noch größerer Wahnsinn, dass zuallermeist alles in unserem Körper so reibungslos funktioniert, dass wir schmerzfrei leben und alles bewegen können. Unser ganzer Organismus ist ein einziges Wunderwerk. Unser Denken, unser Nervensystem, unser Bewusstsein, unsere Organe und Sinne. Biologisch können wir manches verstehen und medizinisch können wir vieles behandeln, aber all das macht das Wunder nicht kleiner, sondern eher noch größer. So outen sich manche Wissenschaftler als Atheisten, andere aber kommen über all ihren Entdeckungen immer mehr zum Staunen und werden demütiger. Zu Letzteren gehörte auch Albert Einstein. Er soll gesagt haben: »Es gibt zwei Arten, sein Leben zu leben: entweder so, als wäre nichts ein Wunder, oder so, als wäre alles eines. Ich glaube an Letzteres.«

Natürlich auch übernatürlich – aber meistens anders

Noch etwas scheint mir wichtig: Wir meinen oft, Wunder seien die Durchbrechung der Naturgesetze, das Übersinnliche und das Übernatürliche. Ja, natürlich handelt Gott auch übernatürlich. Und natürlich kann er übernatürlich. Der Macher der Natur ist Herr über sie. Der, der die Natur in Kraft gesetzt hat, kann sie auch außer Kraft setzen. Natürlich glaube ich, dass Gott das tun kann und auch immer wieder tut. Aber viel häufiger handelt er innerhalb der Ordnungen, die er geschaffen hat.

Ein Bischof einer afrikanischen Kirche wurde bei einem Besuch in Deutschland in einer Kirchengemeinde gefragt, warum denn bei ihnen in Afrika so viele außergewöhnliche Heilungswunder geschähen, viel mehr als bei uns in Deutschland. Der Bischof antwortete: »Aber das ist offensichtlich: Bei euch tut Gott ständig Wunder in euren Krankenhäusern, durch eure Ärzte und durch eure großartige Medizin. All das haben wir nicht, da tut Gott manches auf andere Weise.«

Umgeben von Wundern

Das sollte uns nachdenklich machen. Viele Krankheiten, die wir als Lappalien ansehen, waren früher tödlich. Unsere medizinische Versorgung in Mitteleuropa ist bei allen Problemen unseres Gesundheitssystems erstklassig. In den meisten Ländern der Erde sieht es ganz anders aus, und in allen Jahrtausenden zuvor sind Menschen gestorben an Krankheiten, die heute standardmäßig geheilt werden. Ich weiß, dafür gibt es auch andere Krankheiten als früher – aber ob uns diese einfache Einsicht nicht auch dankbar machen sollte?! Mir scheint, wir sind von lauter Wundern umgeben, und wir merken es gar nicht.

> Mir scheint, wir sind von lauter Wundern umgeben, und wir merken es gar nicht.

Darum will ich zum Schluss dieses Buches noch einmal ein Tor aufstoßen – nein, 25 Türen will ich aufmachen zu den 25 größten Wundern dieser Welt. Dabei notiere ich keine Hitparade mit Platzierungen und Wertungen. Wunder lassen sich nicht bewerten und in ein Ranking pressen. Das Wunder, das mir heute vor Augen steht, ist das größte Wunder meines Lebens. Und die Aufzählung ist nicht abgeschlossen. Viel, viel mehr wäre anzuführen und aufzuzählen, aber das ist dann Ihnen überlassen. Sie sollen von Lesern und Leserinnen zu Entdeckern und zu staunenden Menschen werden. Zu Menschen, die einen Sinn für die Wunder ihres Lebens haben und sie zu erzählen beginnen.

1) Das Wunder des Lebens

Manche Ereignisse sind so wunderbar, dass sie uns entweder sprachlos machen oder zum Singen inspirieren. Die Geburt eines Kindes gehört dazu. Was für ein Geschenk, ein Wunder, das wir nicht in Worte fassen können. Wenn ich an die Geburt unserer Kinder denke, umfängt mich immer wieder dieses einmalige Wundergefühl. Davon habe ich Ihnen zu Beginn dieses Buches schon erzählt. Zugleich sehen wir an einem neugeborenen Baby, wie zerbrechlich das Leben ist, wie gefährdet und schutzbedürftig. Manche Eltern erleben den tiefen Schmerz einer Fehlgeburt. Anderen Kindern sind nur wenige Tage, Wochen oder Monate an Leben auf dieser Erde vergönnt. So liegen Freude und Trauer, Liebe und Leid ganz eng beieinander.

Wunder sind kostbar und zerbrechlich. Die Wunder dieser Zeit haben keine Garantie auf Ewigkeit. Das Leben birgt so viele Geschichten von Wundern und Enttäuschungen, von Aufblühen und Vergehen, von Leben und Sterben. Immer wieder Tragödien – und mitten in ihnen Zeichen der Hoffnung. Immer wieder Glücksgeschichten, in die irgendwann doch furchtbares Leid platzt. Und doch ist unser ganzes Leben ein Wunder. Von Anfang an. Dass aus Samen und Eizelle ein neuer Mensch wird und wächst und gedeiht und lebt und atmet und isst und trinkt und lacht und weint und lernt und einfach lebt … jede einzelne Lebensgeschichte ist eine Wundergeschichte.

Wenn ich an mein Leben denke, an das Leben derer, die mir nahestehen – ich kann so viel Wunderbares berichten. Von meiner Familie, meinen Eltern und Geschwistern, von dem, was ich lernen durfte, welche Türen sich geöffnet haben, welche Wege ich gehen konnte und kann, was ich mit meiner Frau und mit meinen Kindern an Segen erleben darf – ich entdecke in so vielem die Spuren Gottes. Ich kann nicht anders, als dies zu unterstreichen und festzuhalten: Mein Leben ist ein Wunder.

2) Die Wunder der Schöpfung

Wer sein Leben als ein Wunder zu begreifen lernt, sieht die Welt anders. Alles, was uns umgibt, der ganze Kosmos, ist kaum zu begreifen. Wenn ich die Blumen sehe, die Tiere, ihre Vielzahl, die unendlich vielen Farben. Jeder Spaziergang durch den Wald, über Wiesen und Felder, jeder Zoobesuch, jede Bergwanderung, jede Fahrt zum Meer lässt uns doch aufatmen und staunen. Die Welt ist voller Wunder. Wer Reisen unternimmt, erfährt das auf besonders eindrückliche Weise immer wieder neu. In wie vielen Ländern gibt es fantastische Landschaften! Ich kann mich für Berge begeistern, aber auch immer wieder neu für das Meer in all seinen Farben erwärmen. Ich bin ein Fan der Strände und Flüsse, der Felsen und Seen und immer wieder berührt von der Schönheit und dem Zauber der Natur.

Wohin immer wir auch blicken – es wird immer noch wunderbarer: Sehen wir nach oben, durch Teleskope hinaus ins All, das große Universum, auf die unendliche Zahl der Sterne und Sonnensysteme, so begreifen wir es nicht. Sehen wir aber hinein in das Kleine, durch Mikroskope in Zellen und Details von Pflanzen und verschiedenster Materie, so fassen wir den Zusammenhang von Zellen und Zellkulturen, von Molekülen und Atomen, von Elektronen und Neutronen kaum. Das Gleiche gilt für die Geologie, den faszinierenden Aufbau unserer Erde, die Kontinentalplatten, Erdkern und Erdkruste, die Vulkane und Gletscher, die Wetterphänomene und Naturgewalten. Ich behaupte einmal: Jeder Mensch kommt immer wieder zum Staunen angesichts der Großartigkeit der Schöpfung, aber auch angesichts des Bedrohlichen. Wer aber den lebendigen Gott kennt, für den wird auch das Biologie-, das Chemie- und Physikbuch immer wieder neu zum Gebetbuch.

3) Das Wunder der Schönheit

Es gibt so vieles, was wunderschön ist: Eben haben wir von der Schöpfung gesprochen. So vieles in der Natur empfinden wir als wunderschön: Sonnenuntergänge, Bergpanoramen, herrliche Blüten und gigantische Landschaften, Wasserfälle und Wüsten, Gebirge und Gezeiten – alles hat seine eigene Schönheit. Aber schön ist nicht nur, was wir sehen, sondern auch das, was wir hören. Musik kann wunderschön sein. So unterschiedlich die Stilrichtungen, so verbindend ist doch unser ästhetisches Empfinden. Dass es das überhaupt gibt, dass wir Schönheit empfinden, ist ein Wunder. Das gilt erst recht im Blick auf Menschen: Es gibt wunderschöne Gesichter. Und wir machen die Erfahrung, dass wir die Menschen, die wir besonders lieben, am schönsten finden. Ich bin ohne Abstriche zutiefst überzeugt davon, dass meine Frau die schönste Frau der Welt ist. Meine Kinder finde ich wunderschön. Und ich hoffe, Ihnen geht es im Blick auf Ihren Ehepartner oder Ihre Kinder genauso, wenn Sie welche haben.

Schönheitsideale mögen sich im Laufe der Zeit verändern. Sie werden geprägt von gesellschaftlichen Konventionen, die Medien beeinflussen uns, die Werbung, die Mode. Und doch knüpfen all diese Trends nur an ein Empfinden an, das in uns angelegt ist. Wir sehen nicht alles gleich an – wir unterscheiden und entdecken das Schöne. Das ist wunderbar.

4) Das Wunder der Würde

In einem meiner theologischen Lexika findet sich der Begriff der Würde zwischen dem Artikel über das »Wort Gottes« und dem über »Wunder«. Das finde ich großartig: Denn wir Menschen haben eine einzigartige wunderbare Würde, die uns durch das Wort Gottes zugesprochen wird. Und zwar ganz am Anfang schon, bei der Schöpfung. Da sagte Gott zu sich selbst: »Lasst uns Menschen machen, ein Bild, das uns gleich sei.« Und er schuf den Menschen zu seinem Ebenbild, zum Bild Gottes schuf er uns. Nachzulesen im ersten Kapitel der Bibel ab Vers 26. Was für eine Würde! Gott hat Maß an sich selbst genommen und dann den Menschen ins Leben gerufen. Wir sollen Gottes Gegenüber sein. Geschaffen, um von ihm angesprochen zu werden und ihm zu antworten, mit ihm zu reden und mit ihm zu leben. Wir sind bestimmt zur Kommunikation mit Gott. Was für eine ungeheure Würde!

Das Beste daran ist: Diese Würde ist unverlierbar. Sie gilt uns bedingungslos. Jeder Mensch, ganz gleich, welche Untaten er begangen hat, in welche Untiefen er geraten ist und wie unansehnlich er geworden ist – er ist und bleibt ein Ebenbild Gottes. Auch der Mensch im Mutterleib hat diese Würde, genauso wie der Mensch im Pflegebett. Der Hochleistungssportler und das Topmodel genauso wie der Mensch mit mehrfachen Behinderungen und körperlichen Beeinträchtigungen oder geistigen Einschränkungen, die Spitzenkraft genauso wie der, den viele abfällig als »den letzten Trottel« bezeichnen – für Gott ist jeder Mensch erste Wahl!

Für Gott ist jeder Mensch erste Wahl!

Getragen von dieser tiefen Einsicht, schützt das Grundgesetz der Bundesrepublik Deutschland in seinem ersten Artikel den Menschen und sagt: »Die Würde des Menschen ist unantastbar.« Es ist die Achtung und der Respekt vor einem Wunder, das unsere Gesetzgebung und unseren ganzen Rechtsstaat zutiefst prägt. – Geben wir acht darauf, dass wir genau das nicht verlieren. Eine gottlose Gesellschaft droht den Blick für die Wunder zu verlieren und die Würde der Menschen mit Füßen zu treten. Die aktuellen Debatten rund um Sterbehilfe, Abtreibung und Präimplantationsdiagnostik brauchen eine Neubelebung unseres Sinns für die Wunder unseres Menschseins.

5) Das Wunder von Mann und Frau

Als Gott uns zu seinem Gegenüber ins Leben gerufen hat, als er uns eine unvergleichliche Würde verliehen hat, da hat er uns nicht als Einheitsmenschen geschaffen, sondern als Mann und Frau. Es ist auch nicht etwa so, dass Gott zuerst den Mann nach seinem Bild geschaffen hätte und die Frau nur als dessen Abbild, aber auch nicht umgekehrt. Nein, als Mann und Frau sind wir geschaffen, und gerade so sind wir Gottes Ebenbild. Das ist ein Wunder.

Das Wunder der beiden Geschlechter zieht sich wie ein roter Faden durch die ganze Schöpfung. Durch diese beiden wird das Leben weitergegeben. In der Zweigeschlechtlichkeit zeigt sich die Handschrift Gottes in dieser Welt. Ein Mann und eine Frau verlassen ihre Herkunftsfamilien und beginnen gemeinsam etwas Neues. Einer hängt am anderen, der Mann »klebt« an seiner Frau, so steht es im zweiten Kapitel der Bibel. Beide ergänzen sich auf wundersame Weise. Beide werden gemeinsam eins. Mit gleicher Würde, mit gleichen Rechten, mit gleicher Freiheit sind sie geschaffen.

> Das Wunder der beiden Geschlechter zieht sich wie ein roter Faden durch die ganze Schöpfung.

Dieses Wunder wird nicht dadurch aufgehoben, dass einige wenige Menschen anders empfinden, sich etwa als Mann empfinden, obwohl sie in einem Frauenkörper geboren sind, oder intersexuell sind, weil sie rein biologisch Merkmale beider Geschlechter haben. Auch, wer sich so vorfindet, hat vor Gott die gleiche Würde und ist in gleicher Weise geschaffen, geliebt und von Gott gesegnet wie alle anderen Menschen auch. Diese Erfahrung eines anderen Empfindens wiederum hebt nicht auf, dass Menschen grundsätzlich als Mann und Frau geschaffen sind, wie es im jüdisch-christlichen Menschenbild in einer elementaren Weise festgehalten und entfaltet wird. Dieses Wunder gilt es neu zu entdecken, um dann bewusst die eigene Berufung als Mann oder als Frau zu leben.

6) Das Wunder der Sexualität

Ein Wunder führt uns zum nächsten: Wenn wir die Gemeinschaft von Mann und Frau bedenken, entdecken wir auch das Wunder der Sexualität. Sie ist eine Gabe Gottes, die er in seine Schöpfung hineingelegt hat. Zwei Menschen, die sich einander schenken, die verbindlich zueinanderstehen, sich ganz vertrauen und sich gegenseitig begehren, bringen etwas schlichtweg Wunderbares zur Entfaltung. Sexualität ist eine wesentliche Dimension unseres Menschseins. Und genauso hat Gott das gewollt. Wie oft ist es so, dass die wunderbaren Geschenke auch die wunden Punkte unserer Seele und unserer Existenz sind. Gerade dort, wo wir Wunderschönes erleben, sind wir auch verletzlich.

Was haben hier auch Religionen und Ideologien für Schaden angerichtet. So wurde die Sexualität einerseits als Element der Sünde betrachtet und verteufelt und damit Gottes Schöpfungsgabe missachtet; andererseits wurde sie zum Götzen gemacht und in religiösen Kulten von der Antike an bis in die Gegenwart hinein pervertiert und missbraucht. Viele lösen sie von der verbindlichen und verlässlichen Liebesbeziehung zweier Menschen und lösen damit den Schutz- und Segensraum auf, den die Bibel beschreibt: Das Gebot, die Ehe nicht zu brechen, wird von Jesus ausdrücklich bestätigt. Die Ehe aber engt Sexualität nicht ein, sondern eröffnet vielmehr einen Raum zur Entfaltung für sie. Wir sollten Sexualität nicht zerreden, sondern in einer neuen Unbefangenheit und offen darüber reden lernen, um sie als eine Gabe Gottes neu zu entdecken.

7) Das Wunder der Treue

Treue zu erfahren, ist unschätzbar wertvoll. Das gilt zuerst, aber längst nicht nur in einer Partnerschaft. Es gilt auch für Freundschaften. Ein Freund, der mit mir durch dick und dünn geht, auch wenn ich dick und doof werde, ist ein Geschenk Gottes. Einer, der zu mir steht, der ehrlich zu mir ist, der mir nichts vormacht und dem ich nichts vorzumachen brauche – ach, was für eine Wohltat! Solche Menschen sind selten. Gerade darum sind sie besonders zu schätzen. Sie werden für mich immer wieder zu einem Gleichnis für Gott selbst:

Er ist nämlich auch so etwas wie ein guter Freund. Er ist der Treue schlechthin. So hat er sich schon dem alten Volk Israel vorgestellt.

> Ein guter Freund geht mit mir durch dick und dünn, auch wenn ich dick und doof werde! – Das ist ein Geschenk Gottes.

So ging er mit ihm durch die Wüste und in das neue Land, aber auch in die Gefangenschaft nach Babylon und wieder zurück. Und so begegnet uns Jesus. Er ist der, der zu uns steht, wenn sich alle anderen abwenden.

Ich finde das eine ganz wertvolle Erfahrung meines Glaubens: Jesus steht zu mir. Natürlich erlebe ich wie Sie auch Enttäuschungen. Immer wieder werden wir enttäuscht, verletzt und verlassen. Und immer wieder enttäuschen und verletzen wir andere und lassen ausgerechnet den Menschen im Stich, der uns am dringendsten gebraucht hätte. Aber Jesus ist treu. Daran halte ich mich und darauf vertraue ich. Das macht mir Mut, selbst immer wieder neu Treue zu üben und mich auch auf die Treue anderer zu verlassen.

8) Das Wunder der Gemeinschaft

Wir Menschen sind Sozialwesen – und zwar von Anfang an. Wir sind nicht als Einzeller geschaffen und nicht zum Einzelgänger und Einsiedler bestimmt. Wir sind auf Gemeinschaft angelegt. Ja, das kann anstrengend sein, aber es ist vor allem auch bereichernd. Wir brauchen unsere Familien und Freundschaften, unsere Lebens- und

Arbeitsgemeinschaften, unsere Gruppen und Kreise – kurz: Wir brauchen andere, zu denen wir gehören.

Bei dem 38 Jahre lang Kranken vom Teich Bethesda haben wir gesehen, wie dramatisch es sein kann, keinen Menschen zu haben. Jesus begegnet ihm und hebt seine Isolation auf. Damit weist er uns auf das Wunder der Gemeinschaft, das uns so leicht abhandenkommt, wenn wir krank oder arbeitslos werden, wenn wir irgendwie aus der Rolle und dann aus der Runde fallen, zu der wir bisher gehört haben. Gemeinschaft ist ein Wunder, das wir oft vermissen und zugleich viel zu wenig achten.

9) Das Wunder der Nahrung

Zur Gemeinschaft gehört auch die Tischgemeinschaft. Es ist weit mehr als ein kulinarischer Genuss, mit anderen zusammen in fröhlicher Runde etwas Gutes zu essen. Der Mensch ist bedürftig. Und es scheint so, als hätte Gott für jedes Bedürfnis ein Wunder geschaffen, das ihm entspricht. Ohne Essen und Trinken können wir nicht leben, darum säen wir und ernten wir, zumindest früher einmal war das so – sagen wir: Wir kaufen ein. Aber auch dahinter steht ein schlichtes, doch elementar wichtiges Wunder: Wir säen und ernten, hegen und pflegen, kaufen, verkaufen, handeln, packen ein und packen aus und verzehren es irgendwann. Aber es bleibt dabei: Wachsen und Gedeihen liegt in Gottes Hand. Gott lässt wachsen und versorgt uns mit allen Gütern und mit allem Guten, was wir brauchen. Mich macht das immer wieder demütig und dankbar – weswegen ich von Herzen gerne vor jedem Essen ein Tischgebet spreche. Das ist mir wirklich zur guten Gewohnheit geworden, um das Wunder der Nahrung zu würdigen. Im Übrigen knüpft Jesus genau daran an: Zwei seiner sieben besonderen Wunder haben mit Nahrung zu tun, das Wein-Wunder in Kana und das Brot-Wunder auf dem Berg am

See Tiberias. Er ist der Nahrungsvermittler schlechthin und macht deutlich: Gott liebt Lebensmittel.

10) Das Wunder des Wortes

Ich gestehe gleich zu Beginn: Viele Worte sind alles andere als wunderbar. Was wird nicht alles gesagt von morgens bis abends, das besser nie einen Mund verlassen hätte! Aber neben all diesen schwierigen Wort-Erfahrungen gibt es doch auch das Wunder des Sprechens schlechthin. Wenn ich daran denke, wie unsere Kinder zu sprechen gelernt haben. Einfach herrlich! Ein Mensch lernt zu reden und damit auch, seine Welt zu benennen. Wir lernen zu lesen, zu schreiben, zu beschreiben und zu erzählen. Worte sind wunderbar. Worte eröffnen neue Welten. Gott hat durch sein Wort sogar die Welt geschaffen. Er sprach – und es war da. Aber damit nicht genug: Er spricht uns an. Er redet und schweigt nicht. Er sagt: »Ich liebe dich.« Diese drei Worte bewegen Welten. Er will mit uns zu tun haben, darum redet er. Und er lässt uns reden und ihm antworten. Die Wunder, die Jesus tut, sind nichts anderes als tätige Worte, so hat das ein Theologe mal formuliert. Mir gefällt das: Jesus tut, was er sagt; und er sagt, was er tut. Wenn das nicht wunderbar ist!

Jesus tut, was er sagt; und er sagt, was er tut.

11) Das Wunder des Glaubens

Wenn so ein Wort dann in unserem Herzen ankommt und aufgeht wie ein Samenkorn auf dem Feld, dann wächst etwas. Das ist unverfügbar. Das können wir nicht *machen*. Aber genau das ist Glaube. Glauben heißt, dass wir dem Wort, das Gott zu uns spricht, vertrauen. Wir verlassen uns darauf, dass es stimmt und dass er es gut meint.

Ich denke an die Jünger auf dem See. Sie hatten Angst. Sie wussten nicht mehr aus noch ein, aber sie haben das Wort von Jesus gehört: »Ich bin's. Fürchtet euch nicht!« Das will ich mir auch von ihm sagen lassen. So bleibt das Wunder lebendig, der Glaube wächst. Dazu kann ich selbst nichts tun. Glauben kann ich nicht machen, nicht bewerkstelligen, nicht durch Frömmigkeit aus mir herauspressen oder in meine Seele hineinstopfen – Gott selbst lässt meinen Glauben wachsen. Dadurch, dass er redet und durch seinen Geist wirkt. Wie entlastend!

12) Das Wunder der Rettung

Gelegentlich wollen wir das gar nicht wahrhaben, dass Gott unseren Glauben wirkt. Wir neigen dazu, den Glauben an Gott als eine Art Bewusstseinsakt zu verstehen: Ich halte für wahr, was in der Bibel steht und was der Pfarrer sagt, und ich übe religiöse Rituale – dann werde ich ein frommer Mensch. Aber das alles wäre nur oberflächlich. Jesus macht es überdeutlich: Es geht um Leben und Tod. Es geht darum, gerettet zu sein oder verloren zu gehen. Es geht auf dem See darum, am Ziel anzukommen oder zu kentern und unterzugehen.

Jesus ist gekommen, um uns zu retten. Er ist der Retter, der Heiland, der uns herausreißt aus dem Todesstrudel und aus dem Sturm. Seine Wunder sind nur Zeichen für das, worum es in unserem Leben geht: Es geht immer um alles. Und Jesus geht aufs Ganze. Er gibt sich ganz dahin. Er geht den Weg ans Kreuz. Dort hat er sein Blut vergossen. Er ist der Lebensretter. Unser Notruf heißt: »Mein Gott, Jesus, rette doch auch mich!« Um solch ein Gebet zu erhören, ist er in diese Welt gekommen.

Das Wunder der Rettung geschieht – Gott sei Dank! – immer wieder neu. Und es ist versprochen: Wer den Namen dieses Herrn anruft, wird gerettet!

13) Das Wunder der Vergebung

Wer weiß, wie schwer Schuld wiegt, weiß, wie erleichternd Vergebung ist. Schuld ist nicht aus der Welt zu schaffen, es sei denn, sie wird gebüßt oder vergeben. Letztlich ist beides nötig. Wer einen Menschen bestohlen, belogen oder betrogen hat, ist an ihm schuldig geworden. Das lässt sich auch nicht rückgängig machen. Was geschehen ist, ist geschehen. Und das wiegt schwer.

Manches können wir rückerstatten. Und manches bekommen wir von anderen wieder zurück. Aber meistens ist das nicht möglich. Die meisten Schulden lassen sich nicht wiedergutmachen und bezahlen. Wir sind schuldig voreinander und vor Gott. Wie gut, dass Gott am Kreuz einen Schuldenschnitt gemacht hat! Ein für alle Mal. Er vergibt. Wer das in Anspruch nimmt, erlebt eine ungeheure Entlastung. Es ist, als würden Tonnen von der Seele fallen. Zugleich bleibt es ein Wunder, das wir nicht einklagen oder einfordern können, wenn Menschen einander vergeben. Immer wieder geschieht auch das.

Ich denke an die Eltern eines Jungen, der sexuell schwer misshandelt und dann von seinem Peiniger umgebracht worden war. Der Täter wurde gefasst und verurteilt. Die Eltern waren dabei und konnten schließlich das Unfassbare sagen, was ich mir, wenn ich mich in ihre Lage versetze, kaum vorstellen kann: Sie hätten dem Mörder ihres Sohnes vergeben. – Wenn ein Mensch aufrichtig vergeben kann und ein anderer Vergebung erfährt, ist das schlicht ein Wunder.

14) Das Wunder der Freiheit

Während der Wochen, als ich dieses Buch geschrieben habe, habe ich, wie bereits erwähnt, einmal auf Facebook nach Wundern gefragt, die meine Freunde erlebt haben. Es ist erstaunlich, wie viele von ihnen neben der Bewahrung in Krankheitszeiten immer wieder von der Freiheit gesprochen haben: Frei leben zu können, ist ein Wunder. Frei von Schuld durch Vergebung. Frei von Zwängen durch einen Abriss allzu enger Grenzen. Viele haben den Fall der Berliner Mauer erwähnt. Das Wunder von 1989, als diese Grenze fiel, kommt wieder in Erinnerung. Israel hat das Wunder der Befreiung aus Ägypten erlebt. Jesus befreit den Lazarus sogar aus den Fängen des Todes. Darum sollten wir eines auf jeden Fall festhalten: Der Glaube an Jesus Christus macht frei. Es ist geradezu ein Kennzeichen eines echten Glaubens, dass er in die Freiheit führt – nicht in die Enge und Gesetzlichkeit und in religiösen Zwang. Jesus Christus hat uns befreit. Er ist auferstanden. Er lebt. Und wir mit ihm. Die Sünde in verschiedenster Form hat immer die Eigenart, uns zu knechten und kleinzumachen, uns gefangen zu nehmen und einzuengen. Wer aber Jesus kennt, sagt von Herzen: »Ich lebe gern, und ich bin so frei.«

15) Das Wunder der Heilung

Menschen, die Jesus begegnen, werden heil. Wunden werden nicht nur verbunden, sondern gesund. Kranke genesen. Der Sohn des königlichen Beamten hat das erfahren – und sein Vater hat es miterlebt. Wie großartig! Jesus heilt wirklich. Damit zeigt Jesus: Er will, dass alle Menschen heil werden. Krankheit, Leiden und Tod sollen nicht sein und sollen am Ende nicht siegen.

Doch keineswegs ist damit gesagt, dass Jesus alle Menschen geheilt hätte und heilen würde. Was werden da unter Christen auch für falsche Versprechungen gemacht und falsche Hoffnungen genährt! Wer sagt, ein Christ, der richtig glaubt, wird auch von jeder Krankheit geheilt, ist ein Scharlatan. Heilungen sind Zeichen für das Heil, das Jesus bringt. Sie geschehen, keine Frage. Aber immer nur zeichenhaft. Wir leben noch jenseits von Eden, wir sind noch nicht am Ziel. Wir werden noch krank, wir sterben noch, aber wir werden auferstehen und heil sein und mit ihm leben. Jede Heilung stärkt unsere Hoffnung auf das, was kommen wird, aber sie enthebt uns nicht dieser Welt, denn wir sind noch unterwegs zum Ziel. Dieser Weg ist nicht leicht. Oft ist er steinig und mühsam zu gehen – und doch gelegentlich von Wundern erhellt.

> Wie oft hat Gott Engel um mich gestellt, und ich habe es gar nicht bemerkt?

16) Das Wunder der Bewahrung

Von Bewahrungen können viele Christen ein Lied singen, buchstäblich – Sie vielleicht auch? Gerade weil wir noch unterwegs sind und manche schweren und unsicheren Schritte gehen, sind wir darauf angewiesen, behütet, beschützt und bewahrt zu werden. Im Rückblick kann ich mit der alten Liedzeile sagen: »In wie viel Not hat nicht der gnädige Gott über dir Flügel gebreitet! Lobe den Herren!«[13]

Mir fällt dabei immer ein Kindheitserlebnis ein. Als kleiner Junge bin ich aus dem Auto ausgestiegen, das mein Vater am Straßenrand abgestellt hatte. Ich stieg rechts aus, ging um das Auto herum, um dann schnell auf die andere Straßenseite zu springen. Wenn ich mich recht entsinne, wollte ich dort nur eine Flasche Altglas in einen Container werfen. Natürlich habe ich geschaut, ob nicht ein fahrendes Auto kommt. Von links kam ein Fahrzeug, das aber anhielt. Die Fahrerin zeigte mir an, ich könne die Straße überqueren, sie würde warten. So rannte ich los – ohne zugleich noch nach rechts zu schauen. Von dort kam ein Auto. Ich rannte direkt auf dieses fahrende Auto und knallte gegen die Fahrertür. Von dort fiel ich zurück auf meinen Allerwertesten und war gelähmt vor Schreck. Ich weiß noch, wie mir das Herz bis zum Hals schlug und ich am ganzen Körper zitterte. Aber mir war nichts geschehen. Ich war einfach auf das Fahrzeug draufgelaufen, von dort abgeprallt und zurück auf die Straße gestürzt. Wäre ich einen Schritt schneller gewesen oder eine Sekunde früher dran, wäre ich dem fahrenden Auto wohl direkt vor die Motorhaube gelaufen. So aber schlich ich – zwar völlig geplättet, aber kerngesund – zurück ins Auto meines Vaters. – Im Rückblick kann ich nicht anders, als von einem Wunder der Bewahrung zu sprechen. Diese eine Begebenheit ist mir bewusst, aber wie oft hat Gott Engel um mich gestellt, und ich habe es gar nicht bemerkt?

17) Das Wunder des Friedens

Jesus grüßt seine Jünger am Ostermorgen mit dem Friedensgruß. »Schalom!«, sagt er, wie es die Juden in Israel bis heute tun. Gott schafft Frieden – diese Überzeugung steht hinter diesem Gruß. Unsere Wut, unser Hass, unsere Schuld, unsere Zerstörung, unsere Gewalt sind überwunden durch sein Kreuz. Jetzt ist Frieden da.

Ich gehöre zu einer Generation, die in Deutschland aufgewachsen ist und nur Friedenszeiten kennt. Mit offenen Ohren habe ich immer gelauscht, wenn meine Mutter und mein Vater von ihrer Kindheit im Krieg erzählt haben. Was für ein Wunder, dass wir seit über 70 Jahren im Frieden leben. Und doch ist das nur ein Gleichnis für den Frieden, den Gott herstellt. Er schafft den Krieg ab. Der Schöpfer ist nicht nur der, der die Welt geschaffen hat, sondern auch der, der den Frieden schafft. Frieden ist uns versprochen und verheißen. Zugleich ist er schon da. Mit Jesus und seinen Wundern hat er begonnen. Bis Jesus aber wiederkommen wird, bis diese Welt an ihrem Ziel ist, bleibt Frieden auch unsere große Sehnsucht. Das Gleiche gilt für die Gerechtigkeit, die wir uns ersehnen und an der wir immer wieder scheitern, für die wir aber zugleich einstehen. Gott wird sie einmal schaffen, darum bleiben wir heute am Werk.

18) Das Wunder der Freude

Bewusst habe ich gesagt, diese Aufzählung von Wundern hat keine Rangfolge. Aber wenn sie eine hätte, dann wäre die Freude auf den vorderen Plätzen. Dass wir trotz einer jahrtausendealten Geschichte, die voll ist von Kriegen, Krankheiten und furchtbaren Schicksalen, immer noch lachen können, ist doch ein Wunder für sich, meinen Sie nicht? Jedes Kinderlachen ist ein Stück Himmel auf dieser Erde. Es scheint, als sei das Lachen nicht totzukriegen. Allein schon, wenn ich die Schöpfung sehe, denke ich manchmal, Gott muss Humor haben. Wenn ich die verschiedensten Dialekte zwischen Ostfriesland, Sachsen und Bayern höre, denke ich das noch viel mehr – die Schwaben lassen wir da mal außen vor... Aber echte, tiefe Freude kommt auf, wenn wir auf das sehen, was Gott tut, seine Wunder zum Beispiel. Da können wir nur sagen: »Die Freude am Herrn ist unsere Stärke.« Denn Freude setzt ungeahnte Kräfte frei. Und die Osterfreude, die den Tod auslacht, tut das erst recht.

Es scheint, als sei das Lachen nicht totzukriegen.

19) Das Wunder des Leidens

Das ist nun merkwürdig, mögen Sie denken. Wieso das Wunder des Leidens? Ist das nicht etwas kurios und verwegen, vielleicht sogar unpassend, das Leiden in die Liste der Wunder mitaufzunehmen? – Nein, ich finde nicht. Dass wir das Schwere und Schmerzhafte als Leiden empfinden, dass wir einen Sinn dafür haben, dass es so eigentlich nicht sein soll, dass wir Mitgefühl und Schmerz empfinden, gehört für mich zu den Wundern des Lebens dazu. Und dass wir eine Leere empfinden, wenn Wunder ausbleiben, auch das ist gut. Dass wir zweifeln und fragen, dass wir zittern und klagen, dass wir zaudern und zagen, dass wir gerührt sind vom Elend, das uns begegnet, und es nicht einfach hinnehmen – das ist ein Wunder. Ein Zeichen dafür, dass wir Menschen sind. Das zeichnet uns buchstäblich aus. Wir leiden. Und wir bleiben im Leiden nicht sprachlos.

Die Bibel ist voll von Gebeten. Die Psalmen sind geradezu das Gebetsbuch der Bibel, obwohl dort auch andere Texte aufgeschrieben sind. Aber die Gebete, die wir dort finden, sind auffallend häufig geprägt von der Klage, Klagepsalmen wie Psalm 13 oder Psalm 22. Klagen, die die Not herausschreien. Die das, was in unserem Leben und auf dieser Erde einfach nur himmelschreiend ist, auch buchstäblich zum Himmel schreien. Mit geballter Faust beten, mit dem Mut der Wut Gott anreden und Zorn und Zweifel vor ihm ausschütten – all das findet dort Raum. Ich staune immer wieder über die Leidenschaft der biblischen Gebete. Davon können wir lernen. Das gehört für mich zu einem ehrlichen Glauben dazu. Mein Herz vor Gott ausschütten und so auch das Leiden als ein Wunder erleben.

20) Das Wunder des Sterbens

Mit dem Leiden verbunden ist das Sterben. Das größte und tiefste Leiden von allem, was uns an Schwerem in dieser Welt begegnet. Sterben heißt alles zurücklassen. Alle Beziehungen brechen ab. Alles geht zu Ende, was mir hier lieb und wert und teuer und kostbar ist. Und damit wird zugleich all dieses Liebenswerte und Wertvolle und Teure und Kostbare bewusst und gewürdigt. Unsere Endlichkeit gibt unserer Zeit ihre Bedeutung und ihre Würde. Jeder Tag ist ein besonderer Tag, ein Tag meines Lebens, der vergeht und mich meinem Sterben um einen Tag näher bringt. Ein Tag, den ich darum aus Gottes Hand annehmen und leben will. Und ein Tag, den ich einmal mit all den andern Tagen meines Lebens zurück in Gottes Hand legen will.

Der Tod ist eine Folge der Sünde, zeigt uns Gott. Weil wir nicht ganz bei ihm sind, sondern in der Fremde existieren, hat alles ein Ende. Gerade darum setzt er einen neuen Anfang. Darum ist Jesus gekommen, dass wir durch das Sterben zum Leben hindurchdringen, dass wir sterben und neu zu leben beginnen. So wird das Sterben zum Wunder: Unser Abgang wird zum Durchgang in Gottes neue Welt. Gleichwohl sind die Schrecken des Todes nicht gebannt, viele erleben und erleiden einen langwierigen, schweren Sterbeprozess; andere sterben unerwartet plötzlich, ohne sich verabschieden zu können – auch ein schneller Tod kann schrecklich sein. So liegen Wunder und Schrecken nahe beieinander, ja sogar ineinander. Wohl dem Menschen, der dann auf Jesus sehen kann und in diesem Anblick Trost findet.

21) Das Wunder des Trostes

Es gehört zu den geheimnisvollen Erfahrungen vieler Christen, dass sie in schweren Zeiten oft die wertvollsten Zeugnisse für ihren Glauben haben. Ich denke an Paul Gerhardt, von dem unzählige Choräle stammen, die bekanntesten evangelischen Kirchenlieder wie etwa *Du meine Seele, singe* oder *Befiehl du deine Wege*. Seine Lieder sind voller Hoffnung und Zuversicht, aber Paul Gerhardt hat Schicksalsschläge hinnehmen müssen, wie man sie härter kaum erleben kann: Er stand am Grab von vier seiner fünf Kinder, ebenso am Grab seiner Frau.

Wäre er jemand gewesen, dem im Leben alles zugeflogen ist, dann hätten seine Lieder niemals diese Tiefe und diese Kraft entfalten können. Aber hier schrieb ein Mann, der in seinem Leid Trost gefunden hatte. Und das überzeugt. Das ist von Grund auf ehrlich. Das fordert heraus, diesen Glauben an einen Gott zu finden, der so zu trösten vermag.

Ganz ähnlich verhält es sich mit den Worten Dietrich Bonhoeffers. Im Nazi-Gefängnis schrieb er die Worte, die bis heute Menschen Kraft und Trost geben:

Von guten Mächten wunderbar geborgen,
erwarten wir getrost, was kommen mag.
Gott ist mit uns am Abend und am Morgen
und ganz gewiss an jedem neuen Tag.[14]

22) Das Wunder der Liebe

Über jedes der einzelnen Wunder, die wir hier bedenken, könnte man Bücher schreiben. Über die Liebe erst recht. Was für ein Wunder, dass es Liebe in dieser Welt gibt! Stellen Sie sich einmal vor, das gäbe es nicht. Unser Planet wäre so unbewohnbar wie der Mars. Wichtiger noch als Sauerstoff und Wasser ist für uns die Liebe. Ohne Liebe könnten wir nicht leben. Ohne Liebe würde der Hass regieren. Ohne Liebe wäre alles kalt. Ohne Liebe dächte jeder nur an sich. Ohne Liebe wäre niemand hier. Oft ist sie verkehrt, nur halbherzig, nicht geduldig genug, aber auch wenn sie gebrochen ist in dieser Welt – sie ist dennoch immer noch da, wenn auch nicht vollkommen...

Liebe hat verschiedenste Formen. Paulus besingt in einem einzigartigen Gedicht die *Agape*, die Liebe, die alles erduldet und erträgt.

Im 13. Kapitel seines ersten Briefes an die Korinther preist er die Liebe als das größte aller Wunder. Die Liebe zu Gott und zum Nächsten, die Liebe also, die Gott gebietet und die er selbst ist und lebt. Es ist die Liebe in Vollkommenheit, die nicht das Ihre sucht, sondern ganz den anderen. Die Liebe, die sich nicht über andere erhebt, sondern sich gibt. Diese Liebe begegnet uns in Jesus, den Gott aus Liebe zu seinen Geschöpfen in die Welt gesandt hat.

23) Das Wunder der Hingabe

Dieses Wunder ist eine noch tiefere Gestalt des eben genannten: des Wunders der Liebe. Wenn sich einer für den anderen hingibt, ist dies die äußerste Form der Liebe. Wenn ein Mensch zu einem anderen sagen kann: »Ich vergesse mich in dir. Ich verliere mich in dir. Ich verschwende mich an dich. Ich gebe mich für dich«, dann erleben wir Bruchstücke der Liebe, die Jesus am Kreuz vorlebt. Er gibt sich ganz. Was eine Mutter für ihr Kind zu tun bereit ist oder ein Ehepartner für den anderen, hat Jesus bis zum Äußersten für alle Menschen getan: Er hat sich für uns gegeben. Das Wunder vom Kreuz ist ein Wunder der Hingabe. Wir haben es ausführlich betrachtet in einem früheren Kapitel, aber hier leuchtet es noch einmal auf. Wie wertvoll, wenn Spuren dieser Hingabe immer wieder unsere Wege kreuzen.

24) Das Wunder der Hoffnung

Wer hofft, sieht weiter. Wer Hoffnung hat, pflanzt ein Bäumchen ein, auch wenn der Weltuntergang vor der Tür steht. Wer hofft, sieht dabei schon die Triebe und Äste und Zweige und die Blüten und die Früchte. Wer hofft, blickt hinter den Horizont. Wer hofft, geht anders durchs Leben und durch die Welt. Wer hofft, trägt Hoffnung weiter und wird zum Hoffnungsträger.

Gott sei Dank, gibt es solche Hoffnungsträger. Menschen, die auf Jesus Christus sehen und im Auferstandenen ihre Hoffnung erkennen. Und die dann anders leben. Das sind Menschen, die mutig auf andere zugehen und andere nicht abschreiben, was auch immer sie getan haben. Hoffnungsvolle Menschen wissen, dass es für Gott keine hoffnungslosen Fälle gibt, darum haben sie Hoffnung für sich selbst und für andere.

Hoffnungsvolle Menschen wissen, dass es für Gott keine hoffnungslosen Fälle gibt.

In diesem Geist haben wir Apis, die Arbeit des HoffnungsHauses in Stuttgart, begonnen: eine Anlaufstelle für Prostituierte, für Frauen, die häufig selbst schon die Hoffnung auf ein anderes Leben aufgegeben haben und die von vielen anderen längst aufgegeben wurden.

Hoffnung ist der Horizont, vor dem wir getrost sein können, auch wenn unser Leben zu Ende geht. Im Sterben und in der Sterbebegleitung sehen wir durch das Wunder der Hoffnung nicht nur das Vergehen, sondern den offenen Himmel. Wie wertvoll, dass Hoffnung in dieser Welt ist – seit Ostern eine Hoffnung mit tiefem Grund!

25) Das Wunder mit Namen Jesus

Noch mehr Wunder wären zu nennen. Die Liste ist längst nicht abgeschlossen, und die erwähnten Wunder sind bei Weitem nicht erschöpfend beschrieben – aber wie gesagt: Dieses Buch soll ja weitergeschrieben werden durch die Wundergeschichten Ihres Lebens. Ich wünsche Ihnen von Herzen, dass darin ein Name vorkommt, ja sogar die entscheidende Rolle spielt: Jesus. In diesem Namen sind alle Wunder umfangen. Er ist der Wundername, in dem Kraft und Macht ist: Die Ohnmacht des Kreuzes, die Siegesmacht von Ostern und die Vollmacht von Pfingsten sind in einzigartiger Weise in ihm verbunden. Immer wieder werden wir staunend ausrufen, manchmal auch klagend anrufen, immer öfter aber lobend anbeten und sagen: »Mein Gott, Jesus!«

Textnachweis Bibelstellen:

Luther
S. 12 f: Mt 5,1-12; S. 24: Joh 2,1-11; S. 37, 87: Joh 14,19; S. 39: Psalm 23,5; S. 44: Joh 4,46-54; S. 50: Joh 5,24; S. 53: Psalm 23; S 76: Joh 6,1-15; S. 92: Joh 6,16-21; S. 94: Ps 103,2; S. 136: Joh 20,29; S. 160: 2. Kor 5,19; S. 195: Joh 12,44; S. 204: Joh 21,4a; S. 210 f: Lk 23,43
Neues Leben. Die Bibel
S. 56: Joh 5,1-16; S. 114: Joh 9,1-7; S. 128: Joh 11,39-44a; S. 194: Joh 14,1-7 ; S. 195: Joh 13,38; S. 198: Joh 14,2

Anmerkungen

[1] Reinhard Mey: Allein. 1990 © edition reinhard mey GmbH.

[2] Reinhard Mey: Allein. 1990 © edition reinhard mey GmbH.

[3] Radio-Kommentator Herbert Zimmermann am 4. Juli 1954 im Berner Wankdorf-Stadion.

[4] Johann Wolfgang von Goethe: Venezianische Epigramme; West-östlicher Divan.

[5] Theodor Storm: Cruzifixus.

[6] Johann Wolfgang von Goethe: Faust. Teil II.

[7] Aus Otto von Schwerin: Jesus, meine Zuversicht. 1653. Evangelisches Gesangbuch. Nr. 526.

[8] Eberhard Jüngel in: Evangelische Landeskirche in Württemberg (Hrsg.): Evangelisches Gesangbuch. Antwort finden in alten und neuen Liedern, in Texten und Bildern. Ausgabe für die Evangelische Landeskirche in Württemberg. 2., aktualisierte Auflage. Gesangbuchverlag. Stuttgart 2007, S. 239.

[9] Diese Erwähnung bezieht sich auf die humoristisch-satirische Kurzgeschichte »Ein Münchner im Himmel« des bayrischen Schriftstellers Ludwig Thoma, 1911 veröffentlicht.

[10] Hans Jonas im Spiegelgespräch mit Matthias Matussek und Wolfgang Kaden. Artikel »Dem bösen Ende näher«. DER SPIEGEL 20/1992 <http://www.spiegel.de/spiegel/print/d-13 680 535.html> (zuletzt abgerufen am 02.07.2015).

[11] Gerhard Maier: Edition C Bibelkommentar. Johannesevangelium, 2. Teil. Holzgerlingen: Hänssler Verlag 1996 und 2007, S. 108.

[12] Johann Wolfgang von Goethe: Faust. Teil I.

[13] Aus Joachim Neander: Lobe den Herren, den mächtigen König der Ehren. 1680. Evangelisches Gesangbuch. Nr. 317.

[14] Aus Dietrich Bonhoeffer: Von guten Mächten treu und still umgeben. 1944. Evangelisches Gesangbuch. Nr. 65.

Eric Metaxas

Wunder
Entdeckungen eines Skeptikers

Gebunden, 15 x 21,6 cm, 400 S., mit Schutzumschlag
Nr. 395.632, ISBN 978-3-7751-5632-5

Metaxas glaubte nicht an Wunder, bis er selbst eines erlebte. Gibt es sie also doch? Nun führt er nicht nur durch die neuesten wissenschaftlichen Erkenntnisse, sondern berichtet auch von Erfahrungen aus seinem Umfeld – von Menschen, die selbst Zeugen eines Wunders wurden.

Alexander Garth

Zweifel hat Gründe – Glaube auch

Gebunden, 14 x 21,5 cm, 256 S., mit Schutzumschlag
Nr. 395.601, ISBN 978-3-7751-5601-1

Es gibt viele Gründe, an Gott zu zweifeln: Alexander Garth kennt die Zweifel postmoderner Menschen und bringt sie auf den Punkt – ebenso wie die Gründe, trotzdem an Gott zu glauben. Garth macht nachdenklich, provoziert – und ermutigt, das Wagnis des Glaubens einzugehen.

Bitte fragen Sie in Ihrer Buchhandlung nach diesen Büchern!
Oder schreiben Sie an: SCM Verlag, D-71087 Holzgerlingen;
E-Mail: info@scm-verlag.de; Internet: www.scmedien.de

FASZINATION
BIBEL

Das Buch der Bücher lieben lernen

Jetzt die faszinierende Wirklichkeit von Gottes Wort neu entdecken!

- **Faszinierendes Wissen**
  Von archäologischen Entdeckungen bis zum jüdischen Alltag oder der Lebenswelt der ersten Gemeinden.

- **Persönliche Erfahrungen**
  Die lebendige Wirklichkeit von Gottes Wort verstehen lernen durch persönliche Berichte und erlebte Wahrheit.

- **Wege in die Bibel**
  Einen eigenen Zugang finden in die Welt der Bibel und ihre Relevanz für heute neu verstehen und anwenden mit Gott zu leben.

Ein Abonnement (4 Ausgaben im Jahr) erhalten Sie in Ihrer Buchhandlung oder unter:

www.bundes-verlag.net

Deutschland:
Tel.: 02302 93093-910
Fax: 02302 93093-689

Schweiz:
Tel.: 043 288 80-10
Fax: 043 288 80-11